Dipl.-Ing. Mario Meister

Fähren auf Ostsee und Nordsee

Eine Übersicht

Herausgeber:

Northern Aeromarine Ltd.
Westpoint 4 Redheughs Rigg
South Gyle, Edinburgh
EH12 9DQ
United Kingdom

Vierte, aktualisierte Auflage

ISBN-13: 978-0-9929371-5-7

Abbildung 2: M/S Norröna auf See   Foto: © Smyril Line

Fähren sind so alt wie die Navigation. Schon die Mythologie der Antike spricht von einem Fährmann, der die Seelen in das Reich der Toten bringt. Und in gewisser Weise kann man auch die Arche Noah als Fährkonzept verstehen. Bis zur zweiten Hälfte des 20. Jahrhunderts beschränkte sich die Fahrt mit der Fähre auf den Transport von Passagieren und auf niedrigerer Ebene von Tieren und Gütern. Dies änderte sich mit der rasanten Entwicklung des Verkehrs nach dem Zweiten Weltkrieg und der stetig fortschreitenden Entwicklung des Roll-on-Roll-off-Konzepts (RO / RO). Jetzt konnten auch umfangreiche Warenströme mit Lastwagen und Eisenbahn über die neuen Schiffe transportiert werden. Dieses Buch enthält einen Überblick über die Fährunternehmen, die im Ostsee- und Nordseetransport unterwegs sind, sowie eine kurze Beschreibung ihrer Schiffe. Obwohl versucht wurde, dieses Verzeichnis so vollständig wie möglich zu gestalten, kann es keinen 100% vollständigen Inhalt liefern, da die Fährindustrie von der Änderung des Eigentums an Schiffen bis zur Änderung der Route und der Umstrukturierung der Fährunternehmen in ständiger Bewegung ist. Diese Thirth-Ausgabe enthält viele Änderungen an der ersten und zweiten Ausgabe, die 2014 und 2015 veröffentlicht wurden. In diesen Jahren gingen einige Reedereien aus dem Geschäft, andere verkauften oder modifizierten ihre Schiffe oder kauften einfach neue. Im gleichen Zeitraum kam es auch zu Fusionen von Reedereien und zur Gründung neuer Unternehmen. Durch die Coronakrise änderten sich auch für die Fährlinien die Randbedingungen. Durch das stark reduzierte Passagier- und Frachtaufkommen wurden in der Folgezeit auch die Kapazitäten einiger Gesellschaften verringert, was die (zumindest vorübergehende) Stilllegung einiger Fähren nach sich zog. Da der Titel des Buches lautet: "Fähren auf der Ostsee und der Nordsee", wurde auf die Darstellung von Fährlinien und Schiffen außerhalb dieser beiden Gebiete verzichtet. Daher sind Fährverbindungen und Schiffe, die in der Irischen See oder an der Atlantikküste verkehren, nicht enthalten, es sei denn, der Abfahrtshafen oder das Ziel befindet sich im Nord- oder Ostseegebiet.

Mario Meister

Dipl-Ing. Mario Meister

2. Fähren – Eine kurze technische Übersicht

2.1 Arten von Fähren

An dieser Stelle soll nur auf die seegehenden Fähren eingegangen werden, weshalb wir auf nähere Erläuterungen zu den verschiedensten Binnenfährkonzepten verzichten.

Wir unterscheiden heute zwischen reinen Passagierfähren (PAX), die ausschliesslich dem Transport von Passagieren (inklusive deren vierbeiniger Begleiter) dienen, den sogenannten RO/RO-Fähren (Roll On-Roll Off), die dem Warentransport dienen, eine hohe Kapazität für LKW und ggf. Eisenbahnwaggons aufweisen und darüber hinaus lediglich über Kabinen für Besatzung und Fahrzeugführer verfügen sowie die aufgrund ihrer Bedeutung weit verbreiteten gemischten Fracht-/ Passagierfähren (RO PAX), die hier etwas näher betrachtet werden sollen. Die meisten Ostsee-/Nordseefähren sind vom gemischten Typ RO PAX, das heißt sie befördern Fracht genauso wie auch Passagiere. Deshalb werden sie auch aus Gewichts- und Stabilitätsgründen zuerst mit den wesentlich schwereren LKW und Trailer beladen und danach mit den PKW und Passagieren. Aus denselben Gründen erfolgt die Platzierung der LKW bzw. der Eisenbahnwaggons bei größeren Fähren auf dem unteren Deck und darüber die PKW der Passagiere. Zum Teil weisen heutige Fährschiffe einen Hauch von Kreuzfahrtschiffcharakter auf, der natürlich durch Restaurants, Shops und Wellness-Einrichtungen verstärkt wird. Die RO/PAX-Schiffe bieten Passagieren eine bequeme, stressfreie und sichere Möglichkeit, mit dem eigenen Fahrzeug an ihr Reiseziel zu gelangen.

Abbildung 3: Passagierfähre HSC Red Jet 5   Foto: © Editor5807 / Wikimedia Commons CC-BY-SA 3.0

Abbildung 4: RO/RO-Fähre M/S Finnsky

Foto: © Finnlines

Abbildung 5: Zwei typische RO/PAX-Fähren: M/S Peter Pan und M/S Nils Holgersson

Foto: © TT-Line

2.2 Typischer Aufbau einer RO / PAX - Fähre

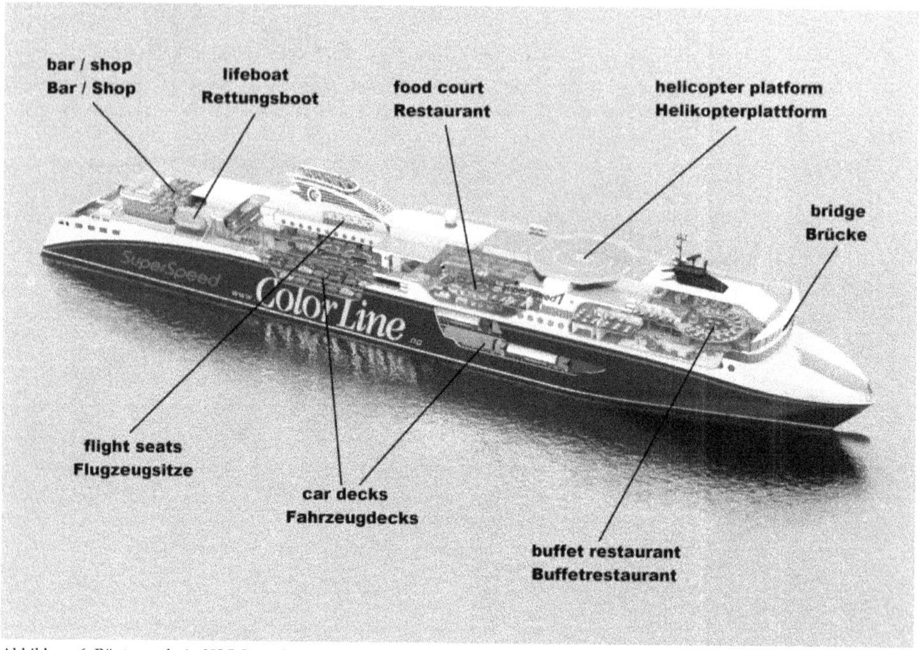
bar / shop
Bar / Shop
lifeboat
Rettungsboot
food court
Restaurant
helicopter platform
Helikopterplattform
bridge
Brücke
SuperSpeed
Color Line
flight seats
Flugzeugsitze
car decks
Fahrzeugdecks
buffet restaurant
Buffetrestaurant

Abbildung 6: Röntgenschnitt HSC SuperSpeed 1 Grafik: © Color Line AS

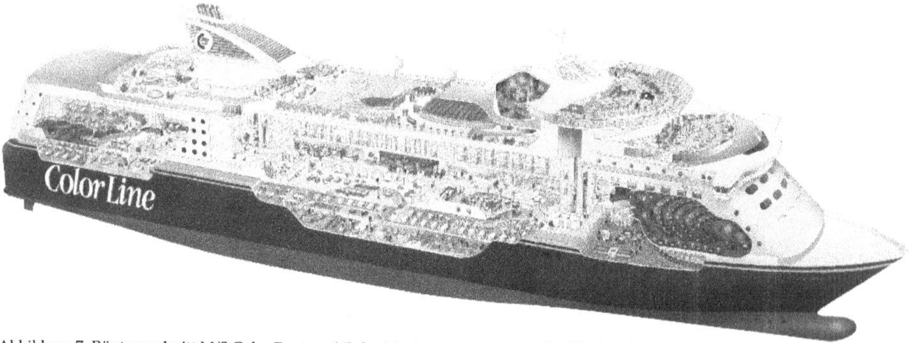
Color Line

Abbildung 7: Röntgenschnitt M/S Color Fantasy / Color Magic Grafik: © Color Line AS

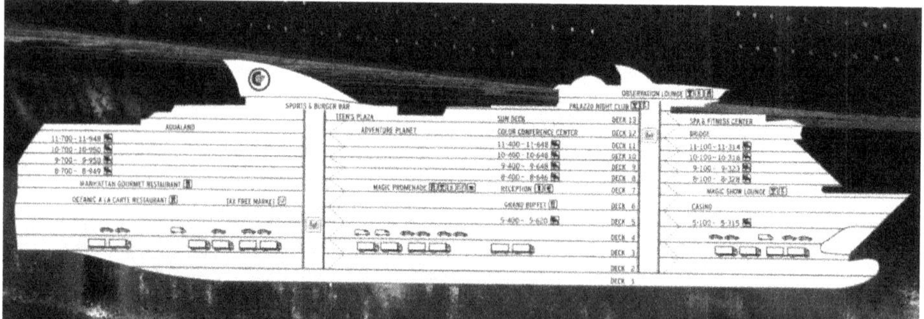
OBSERVATION LOUNGE
PALAZZO NIGHT CLUB
SPORTS & BURGER BAR
TEEN'S PLAZA
AQUALAND
ADVENTURE PLANET
SUN DECK
COLOR CONFERENCE CENTER
SPA & FITNESS CENTER
BRIDGE
MANHATTAN GOURMET RESTAURANT
MAGIC PROMENADE
RECEPTION
MAGIC SHOW LOUNGE
TAX FREE MARKET
GRAND BUFFET
CASINO

Abbildung 8: Layout M/S Color Fantasy / Color Magic Grafik: © Color Line AS

3. Sicherheit von Fährschiffen

3.1 Brandsicherheit an Bord von Fährschiffen

Eines der größten Risiken an Bord von Fährschiffen auch heute noch ist das Brandrisiko. Dieses Risiko entsteht erstens durch die Möglichkeit der Entstehung im Maschinenraum durch defekte Treibstoff- und Schmierstoffleitungen, die sich entzünden sowie Kurzschlüsse im elektrischen System bzw. in den eingesetzten Elektromotoren. Dieses Risiko konnte durch die Verwendung feuerfester Materialien und Anstriche sowie hocheffizienter Feuerlöscheinrichtungen minimiert werden. Aber das Hauptrisiko für Feuer auf Fährschiffen ist die Fracht selbst. Die verheerendsten Brandkatastrophen auf See wurden durch technische Fehler an LKW verursacht, welche sich zum Zeitpunkt des Unglücks auf dem Schiff befanden. Das Problem bei Bränden auf Fährschiffen ist jedoch, dass, obwohl das Schiff von Wasser umgeben ist, dieses Wasser für Löschversuche nicht zur Verfügung steht. Auch wenn das Schiff über leistungsfähige Pumpen verfügt, würde das somit ins Schiff gepumpte Wasser zu einer gefährlichen Verlagerung des Schwerpunktes nach oben führen und damit die Gefahr des Kenterns der Fähre beträchtlich erhöhen. Diese Gefahr bestand beispielsweise beim Brand des Hurtigruten-Schiffs M/S „Nordlys", als durch das eindringende Löschwasser eine gefährliche Schräglage des Schiffes eintrat. Zu diesem Zeitpunkt befanden sich jedoch keine Passagiere mehr an Bord der „Nordlys". [1]

Abbildung 9: M/S Nordlys mit starker Schlagseite nach dem Eindringen von Löschwasser
Foto: © Elin Støbakk Hald/Wiki Com/CC BY-SA 3.0

Eine ähnliche Situation trat beim verheerenden Feuer auf der M/S Lisco Gloria auf, als immense Mengen Löschwasser notwendig waren, um das Feuer unter Kontrolle zu bringen sowie die Außenhaut des Schiffes zu kühlen, um ein Auseinanderbrechen des Rumpfes zu verhindern. Dies hätte im empfindlichen ökologischen System der Ostsee, speziell vor der Insel Fehmarn, eine unbeschreibliche Katastrophe durch auslaufendes Öl bedeutet. [2]

3.2   Warum kentern Fährschiffe ?

Unfälle mit Fährschiffen sind selten, aber können aufgrund der Bauweise der Schiffe gravierende Folgen haben. In der Vergangenheit hatten Fährschiffe ein durchgehendes Fahrzeugdeck, um möglichst viele Fahrzeuge aufnehmen zu können. Diese Tatsache wurde 1987 der „Herald of Free Enterprise" zum Verhängnis. Die „Herald of Free Enterprise" kenterte kurz nach dem Auslaufen vor Zeebrügge durch eindringendes Seewasser, welches durch die offenen Bugtore in das Schiff strömte. Dadurch hatte eine große Wassermenge die Möglichkeit, sich bei einer Richtungsänderung einseitig zu verlagern und innerhalb kürzester Zeit den Schwerpunkt des Schiffes soweit zu verlagern, daß es unweigerlich kentern mußte. Dieses Verhalten ist auch unter der Bezeichnung „Free Surface Effect" bekannt. [3]

| Schwerpunkt bei ungeteiltem Fahrzeugdeck | Schwerpunkt (G) bei geteiltem Fahrzeugdeck |

Abbildung 10: Free Surface-Effekt   Grafik: © Mario Meister

Nach dem Unglück der „Herald of free Enterprise" wurden die Baubestimmungen für neue Fährschiffe angepasst. Es wurde festgelegt, daß Fährschiffe ein längs unterteiltes Fahrzeugdeck besitzen müssen. Leider bleibt zu bemerken, daß entsprechende sicherheitstechnische Änderungen auf Fährschiffen immer erst nach schweren Unfällen mit vielen Toten umgesetzt wurden. So war es im Fall der „Herald of Free Enterprise" genauso wie beim Untergang der „Estonia". Auch hier war durch das abgerissene Bugvisier und die sich öffnende Bugklappe Wasser in das Schiff eingedrungen, was zuerst zu starker Schlagseite führte. Als dann auch noch ein falsches Manöver (Wendemanöver) des Kapitäns hinzukam, welches die Krängung zusätzlich vergrößerte, war das Schicksal der „Estonia" besiegelt-sie kenterte und sank wenig später. [4] Eine weitere Ursache für das Kentern von Fährschiffen ist übergehende Ladung, das heißt, wenn Lkw bzw. Eisenbahnwaggons nicht entsprechend gesichert sind und sich beispielsweise im Sturm losreißen bzw. sich von einer Seite zur anderen bewegen. Durch die abrupte Änderung des Schwerpunktes kann hier eine kritische Situation entstehen, die unter Umständen zum Kentern der Fähre führen kann. Um derart kritische Situationen nicht in der Katastrophe enden zu lassen, verfügen moderne Fähren über ein Ballasttanksystem, welches ermöglicht, durch Gegenfluten ein Gleichgewicht wiederherzustellen. Dies rettete bereits einige Male die „Jan Heweliusz", bevor es 1993 zur Katastrophe kam. Neben völliger Mißachtung der Wettersituation war die „Jan Heweliusz" zu diesem Zeitpunkt nicht seetüchtig und hatte Probleme mit ihrem Ballastausgleichsystem. Aber als Hauptursache kann übergehende Ladung angesehen werden, da sich offensichlich ein oder mehrere schlecht gesicherte Eisenbahnwaggons gelöst hatten und dadurch eine starke Krängung des Schiffes die Folge war, welche durch das defekte Ballastausgleichsystem nicht ausgeglichen werden konnte und letztendlich zum Kentern der „Jan Heweliusz" führte. [5]

3.3 Sicherheitstips für eine unbeschwerte Überfahrt [6]

• Informieren Sie sich sofort nach Ankunft auf der Fähre über die nächstgelegene Sammelstation (Muster Station), die Position der Rettungsmittel (Rettungsboote, die trommelförmigen Container der Rettungsinseln sowie die normalerweise deutlich gekennzeichneten Depots mit den Schwimmwesten).

• Informieren Sie sich, wie man eine Schwimmweste anlegt ! Das spart im Notfall wertvolle Zeit und kann Ihnen das Leben retten.

• Bitte beachten Sie das absolute Rauchverbot auf den Autodecks und in den Kabinen bzw. dem gesamten Schiff. Das Rauchen ist nur in den entsprechend gekennzeichneten Passagierbereichen erlaubt. Ein Missachten dieses Rauchverbotes kann teure Folgen haben. Da viele Bereiche des Schiffes mit Rauchmeldern ausgestattet sind, die auch auf den Rauch einer Zigarette reagieren, wird die Sprinkleranlage des entsprechenden Bereiches aktiviert. Das bedeutet, wenn Sie aus Unachtsamkeit Ihre Kabine unter Wasser setzen, Sie unter Umständen für die entstandenen Schäden haftbar gemacht werden.

Abbildung 11: Container mit Rettungsinseln an Bord der M/S Tom Sawyer   Foto: © Mario Meister

Abbildung 12: Rettungsboote an Bord der M/S Tom Sawyer   Foto: © Mario Meister

• Entdecken Sie Feuer oder starke Rauchentwicklung auf dem Schiff, informieren Sie umgehend ein Mitglied der Besatzung oder betätigen den Feuermelder. Sollte sich ein Feuerlöscher in Ihrer Nähe befinden, können Sie versuchen, das Feuer zu bekämpfen. Aber beachten sie bitte, daß Sie sich nicht unnötig selbst in Gefahr bringen!

• Während der Überfahrt ist der Zutritt zum Autodeck strikt verboten! Das gilt vom Ablegen bis zur Ankunft im Zielhafen, auch wenn sich die Türen zum Autodeck öffnen lassen. Begeben Sie sich erst nach Aufforderung durch die Besatzung zu Ihren Fahrzeugen. Im Notfall können Autodecks durch übergehende Ladung oder Fahrzeuge zur tödlichen Falle werden. Da sich meistens die Autodecks im unteren Bereich des Schiffes befinden, verbleibt Ihnen im Ernstfall vielleicht nicht genügend Zeit, die Sammelstationen bzw. die Rettungsboote zu erreichen.

• Im Notfall gilt auf Schiffen das Gleiche wie in Gebäuden: Auf gar keinen Fall Aufzüge benutzen. Diese werden im Fall eines Brandes oder eines Stromausfalles zu tödlichen Fallen.

• Bitte nehmen Sie außer Wertsachen und Dokumenten kein Gepäck mit. Dieses würde im Notfall Evakuierungsmaßnahmen behindern und Sie und andere Passagiere unnötig zusätzlich in Gefahr bringen. Der eventuelle Verlust von Gepäck ist im Allgemeinen von den Versicherungen der Reedereien abgedeckt.

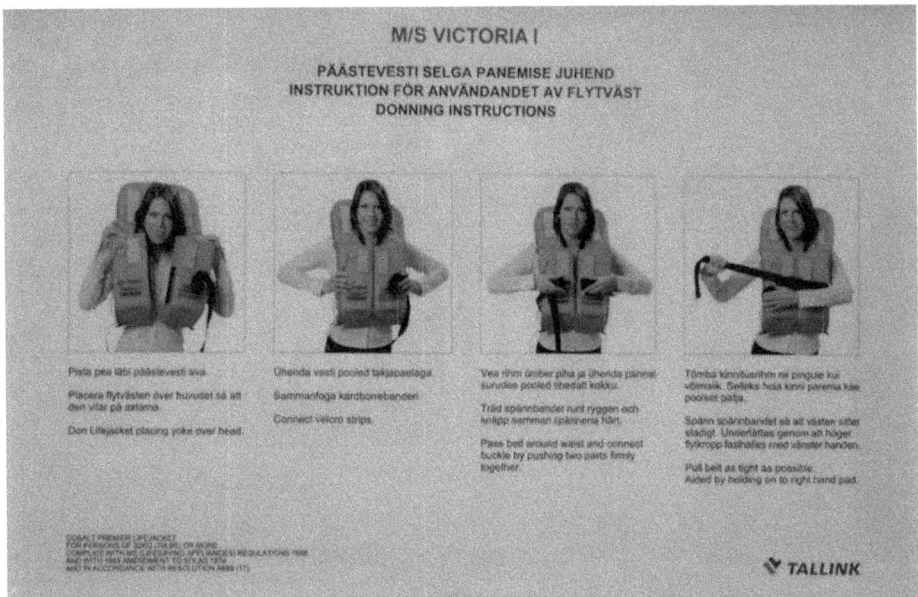

Abbildung 13: Instruktionen zum Anlegen der Rettungswesten   Foto: © Dmitry G/Wiki Commons/CC BY-SA 3.0

• Legen Sie zuerst Ihre Schwimmweste an, bevor Sie anderen Passagieren beim Anlegen helfen. Begeben Sie sich zügig, aber ohne Panik zu den nächstgelegenen Rettungsbooten beziehungsweise Rettungsinseln.

• Ziehen Sie nach Ertönen des Alarmsignals warme Kleidung an (wenn möglich) und begeben Sie sich schnellstmöglich zu den gekennzeichneten Sammelpunkten (Muster Stations).

Abbildung 14: Oben: Hinweisschild für Sammelpunkt / Unten: Hinweisschild für Depot Rettungswesten (Bedeutung: 20 Rettungswesten für Kinder sowie 15 Rettungswesten für Erwachsene) Foto: © Mario Meister

3.4 Kurze Sicherheitsbetrachtung

Um es vorweg zu nehmen, noch nie waren Fährschiffe sicherer als heute. Dies trifft insbeson-dere auf den Fährverkehr auf Ostsee und Nordsee zu. Dennoch gibt es Unterschiede bei den einzelnen Fährlinien. Dies ist auf nachfolgende Faktoren zurückzuführen:

> ➢ Unterschiedliche Ausbildungs- und Trainingsrichtlinien
> ➢ Unterschiedliche Ausbildungsstände
> ➢ Nationale Gesetze und Regelungen, welche zum Teil von den Regelungen der IMO und den SOLAS-Regeln abweichen.
> ➢ Mentalitätsunterschiede, die eine unterschiedliche Gefahrenbewertung nach sich ziehen.
> ➢ Unterschiedliche Umsetzung von Sicherheitsstandards , was sich in mehr oder weniger Vorkommnissen während des Fährbetriebes niederschlägt.

Verantwortungsbewusste Fährgesellschaften trainieren regelmäßig ihr Bordpersonal mit Notfallübungen, um einen reibungslosen Ablauf im Notfall gewährleisten zu können. Von Zeit zu Zeit setzen auch nationale Behörden z.B. die Hafenbehörden eine unangemeldete Überprüfung der Fähigkeiten von Besatzungen in Notfällen in Übereinstimmung mit den SOLAS-Bestimmungen an. Diese Bestimmungen legen fest, daß eine Fähre innerhalb 30 Minuten vollständig evakuiert sein muß. Deshalb wurde der ehemaligen Celtic Link-Fähre „Norman Voyager" im Nordseeverkehr vor einigen Jahren auch bereits einmal das Auslaufen verweigert, weil eine Überprüfung ergab, daß der Ausbildungsstand der Besatzung nicht den Anforderungen für eine sichere und zügige Umsetzung der notwendigen Sicherheitsmaßnahmen entsprach. [7]

Ein anderes negatives Beispiel, mit tödlichen Konsequenzen war der Untergang der „Estonia" im Jahre 1994. Als die „Estonia" in gefährliche Schlagseite geriet, wurden die Rettungskommandos der estnischen Besatzung der „Estonia" nur in Estnisch über die zentrale Lautsprecheranlage durchgegeben und waren somit für die Mehrzahl der überwiegend schwedischen Passagiere nicht verständlich. [8] Dies kostete wertvolle Zeit und letztendlich dadurch viele Menschenleben.

Auch mangelhafter technischer Zustand einiger Schiffe führte in der Vergangenheit zum zwangsweisen „An die Kette legen !" Ein trauriges Beispiel für die Folgen verantwortungsloser Vernachlässigung der Wartung mit gravierenden Folgen war der Untergang der „Estonia".

Damals stellte die mit der Untersuchung des Unglücks beauftragte Untersuchungskommission fest, daß zum Zeitpunkt des Unfalles die „Estonia" nicht seetüchtig war, die Wartung sträflich vernachlässigt worden war und Rost einfach nur überpinselt worden war. Dies führte zum Bruch eines Verriegelungsscharniers der Bugklappe, die letztendlich durch die aufgewühlte Ostsee abgerissen wurde. [9] Infolge dessen drang Wasser in das Autodeck ein, was am Ende zum Kentern der Fähre führte.

Abbildung 15: M/S Estonia
Foto: © PD

Dies heißt jedoch nicht, daß jeder oberflächliche Rost gefährlich ist. So ist es völlig normal, daß an besonders exponierten Stellen einer Fähre z.B. den Aufbauten, die der salzhaltigen Seeluft und dem aggressiven Salzwasser des Meeres ständig ausgesetzt sind, rostige Stellen sichtbar werden. Wir dürfen nicht vergessen, daß auch der beste Farbanstrich bei Salzwasser an seine Grenzen kommt. Deshalb werden diese Roststellen während der Saisonpause oder während Überholungszeiten fachmännisch behandelt und mit einem neuen Farbanstrich versiegelt. Dies soll jedoch kein Freibrief sein für Fährgesellschaften, die ihre Schiffe zum Teil miserabel warten, wie es bei der Estline mit der „Estonia" der Fall war. Die IMO wurde mehrfach auf die Problematik der Konstruktion des Bugvisiers verschiedener Fährschiffe hingewiesen, es gab eine ganze Reihe von Vorkommnissen und trotzdem erfolgten keine Maßnahmen, bis es zur Katastrophe der „Estonia" kam. [10] Wie leider so häufig, wurde erst nach einem schweren Unglück reagiert und daraus resultierend entsprechende Verbesserungs-maßnahmen beschlossen bzw. durchgesetzt, so daß die heutigen Ostsee- und Nordsee-fähren über ein sehr gutes Sicherheitsniveau mit gut ausgebildeten Besatzungen verfügen. Dies trifft aber leider nicht für alle Fährschiffe in anderen Seegebieten zu, speziell in Asien und Afrika, wo es leider immer wieder zu schweren Fährunglücken mit zahlreichen Todesopfern kommt.

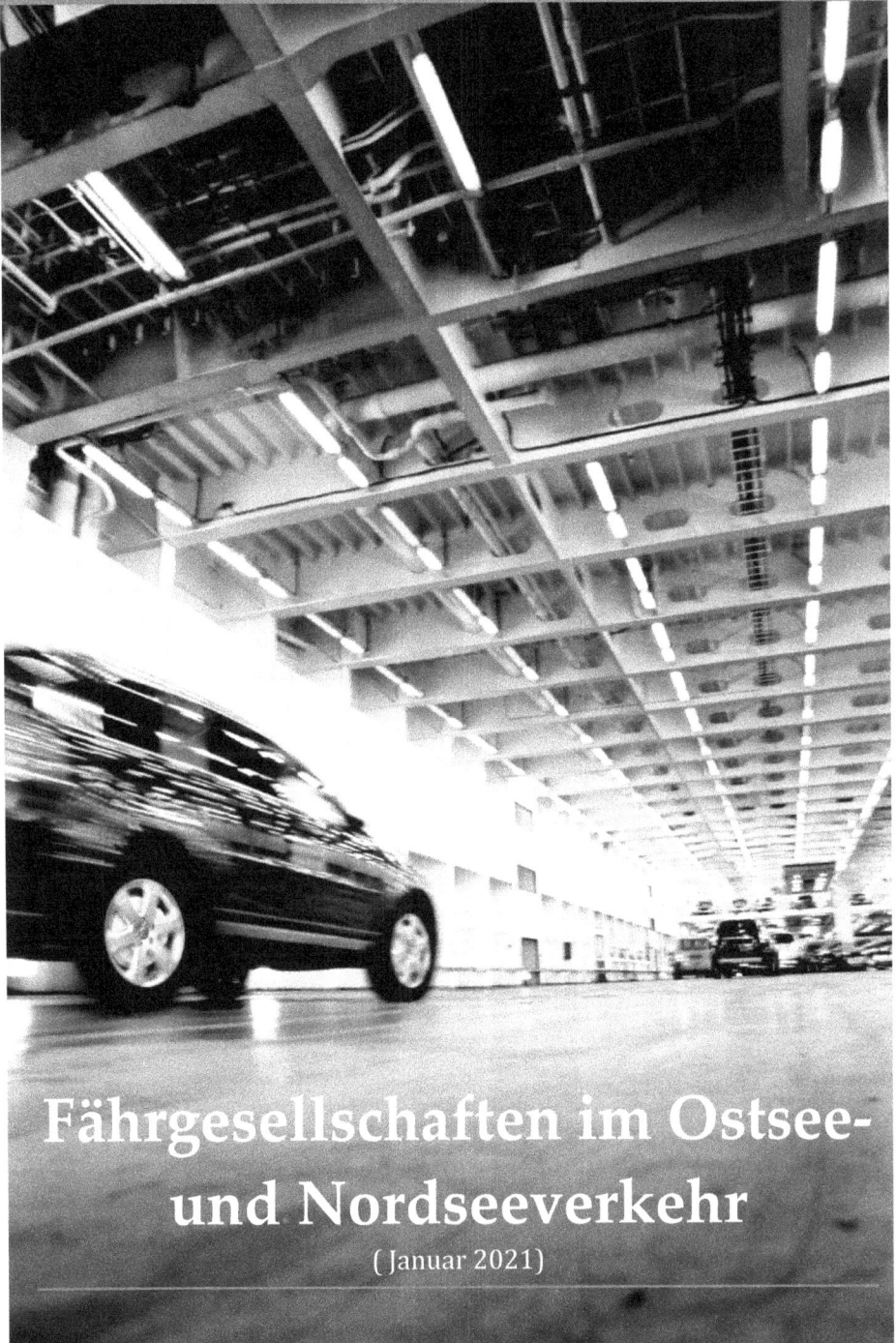

4. Fährgesellschaften im Ostsee- und Nordseeverkehr

Fährgesellschaften im Ostsee- und Nordseeverkehr

(Januar 2021)

Abbildung 16: Fahrzeugdeck an Bord einer DFDS-Fähre

Foto: © DFDS Logistics

Wie liest man das Typenverzeichnis ?

Eine kurze Einführung

Abbildung X: SCHIFFSNAME (hier Abbildung 17: M/S Barfleur)   Foto: © COPYRIGHTHALTER (hier © Brittany Ferries)

Schiffsname   AKTUELLER SCHIFFSNAME

Heimathafen / Flaggenstaat	REGISTRIERTER HAFEN / OFFIZ. REGISTERLAND
Bauwerft / Baunummer	WERFT, ORT, LAND / #NUMMER
Frühere Schiffsnamen	FRÜHERE SCHIFFSNAMEN UND ZEITRÄUME
Baujahr	JAHR DER FERTIGSTELLUNG

Rufzeichen	IDENT. CODE	Klassifizierung	KLASSIFIZIERUNGSGESELLSCHAFT
IMO-Nummer	PERMANENTE ID-NUMMER DES SCHIFFES	MMSI-Nummer	KOMMUNIKATIONSNUMMER
Länge	IN METER	Vermessung Brutto	GT
Breite	IN METER	Vermessung Netto	NT
Tiefgang	IN METER	Tragfähigkeit	LADUNGSGEWICHT
Passagiere	+BETTEN ODER KABINEN	Höchstgeschwindigkeit	IN KNOTEN
Fahrzeuge	FAHRZEUGE	Frachtkapazität	IN LADEMETER

Hauptmaschinen	ANZAHL x HERSTELLER_TYP, TREIBSTOFF / LEISTUNG
Zusatzantrieb	ANZAHL x HERSTELLER_TYP, TREIBSTOFF / LEISTUNG
Propeller	ANZAHL x TYP, BAUART
Bugstrahler	ANZAHL x TYP, BAUART / LEISTUNG

Brittany Ferries

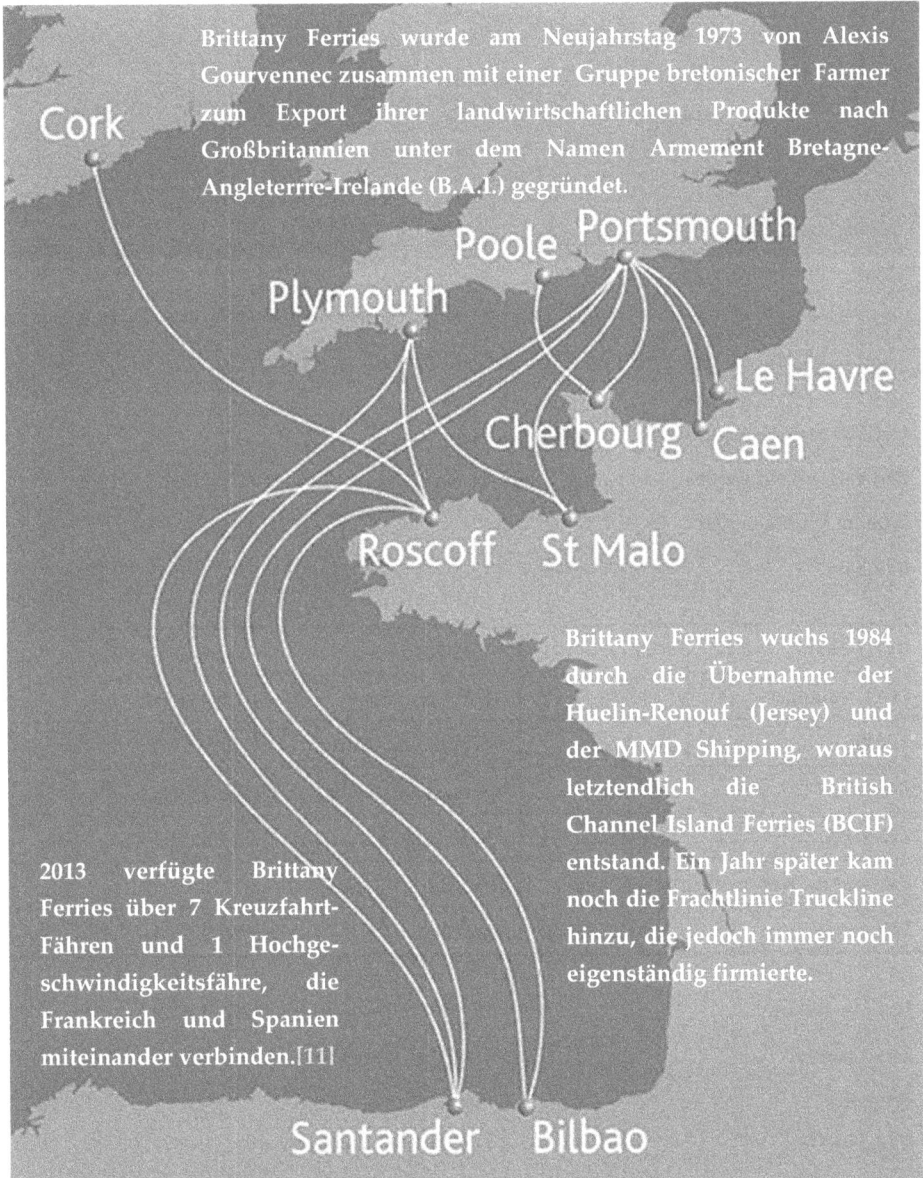

Brittany Ferries wurde am Neujahrstag 1973 von Alexis Gourvennec zusammen mit einer Gruppe bretonischer Farmer zum Export ihrer landwirtschaftlichen Produkte nach Großbritannien unter dem Namen Armement Bretagne-Angleterrre-Irelande (B.A.I.) gegründet.

Cork
Poole Portsmouth
Plymouth
Le Havre
Cherbourg Caen
Roscoff St Malo

Brittany Ferries wuchs 1984 durch die Übernahme der Huelin-Renouf (Jersey) und der MMD Shipping, woraus letztendlich die British Channel Island Ferries (BCIF) entstand. Ein Jahr später kam noch die Frachtlinie Truckline hinzu, die jedoch immer noch eigenständig firmierte.

2013 verfügte Brittany Ferries über 7 Kreuzfahrt-Fähren und 1 Hochge-schwindigkeitsfähre, die Frankreich und Spanien miteinander verbinden.[11]

Santander Bilbao

Abbildung 18: Streckennetz Brittany Ferries

Grafik: © Brittany Ferries

Abbildung 19: M/S Armorique

Foto: © Brittany Ferries

Schiffsname	M/S Armorique	

Heimathafen / Flaggenstaat	Morlais / Frankreich
Bauwerft / Baunummer	STX Europe New Shipyard, Helsinki, Finnland / #1362
Frühere Schiffsnamen	-
Baujahr	2009

Rufzeichen	FMLW	Klassifizierung	Bureau Veritas
IMO-Nummer	9364980	**MMSI-Nummer**	228263700
Länge	168,30 m	**Vermessung Brutto**	29.468 GT
Breite	26,80 m	**Vermessung Netto**	11.605 NT
Tiefgang	6,50 m	**Tragfähigkeit**	4.700 tdw
Passagiere / Kabinen	1.500 / 248	**Höchstgeschwindigkeit**	23 kn
Fahrzeuge	450 Fahrzeuge	**Frachtkapazität**	980 lm od. 55 Auflieger

Hauptmaschinen	2 x MAK 12M43C, Diesel, jeweils 12.000 kW
Zusatzantrieb	3 x Wärtsilä 6L20C, Diesel, jeweils 1.140 kW
Propeller	2 x Verstellpropeller
Bugstrahler	2 x Tunnel / 1.200 kW und 1 x 900 kW

Abbildung 20: M/S Barfleur   Foto: © Brittany Ferries

Schiffsname — M/S Barfleur

Heimathafen / Flaggenstaat	Cherbourg / Frankreich
Bauwerft / Baunummer	Kvaerner Masa-Yards, Helsinki, Finnland / #485
Frühere Schiffsnamen	1992-2012 Barfleur, 2012-2013 Deal Seaways
Baujahr	1992

Rufzeichen	FNIE	Klassifizierung	Bureau Veritas
IMO-Nummer	9007130	MMSI-Nummer	227289000
Länge	158,70 m	Vermessung Brutto	20.133 GT
Breite	23,30 m	Vermessung Netto	11.679 NT
Tiefgang	5,80 m	Tragfähigkeit	5.175 tdw
Passagiere / Kabinen	1.212 / 72	Höchstgeschwindigkeit	19,5 kn
Fahrzeuge	590 Fahrzeuge	Frachtkapazität	1.530 lm oder 75 LKW

Hauptmaschinen	4 x Wärtsilä 8R32, Diesel / 12.400 kW
Zusatzantrieb	2 x Wärtsilä 8R33/26 – 1.450 kW, 1 x Wärtsilä 6R22/26 – 1.065kW
Propeller	2 x Verstellpropeller
Bugstrahler	2 x KaMeWa, jeweils 600 kW

Abbildung 21: M/S Bretagne
Foto: © Brittany Ferries

Schiffsname	M/S Bretagne

Heimathafen / Flaggenstaat	Morlais / Frankreich
Bauwerft / Baunummer	Chantiers de Atlantique,St Nazaire,Frankreich / #D29
Frühere Schiffsnamen	-
Baujahr	1989

Rufzeichen	FNBR	**Klassifizierung**	Bureau Veritas
IMO-Nummer	8707329	**MMSI-Nummer**	227286000
Länge	151,20 m	**Vermessung Brutto**	24.534 GT
Breite	26,00 m	**Vermessung Netto**	13.242 NT
Tiefgang	6,20 m	**Tragfähigkeit**	3.249 tdw
Passagiere / Kabinen	2.056 / 376	**Höchstgeschwindigkeit**	22,5 kn
Fahrzeuge	580 Fahrzeuge	**Frachtkapazität**	39 LKW

Hauptmaschinen	4 x Wärtsilä 12V32E, Diesel / jeweils 4.440 kW
Zusatzantrieb	3 x Wärtsilä 6R32 Unelec, Diesel / jeweils 2.250 kW
Propeller	2 x Verstellpropeller
Bugstrahler	2 x Tunnel

Abbildung 22: M/S Cap Finistère

Foto: © Brian Burnell / Wikimedia Commons CC-BY-SA-3.0

Schiffsname — M/S Cap Finistère

Heimathafen / Flaggenstaat	Morlais / Frankreich
Bauwerft / Baunummer	Howaldtswerke Deutsche Werft, Kiel, Deutschland / #355
Frühere Schiffsnamen	2001-2010 Superfast V
Baujahr	2001

Rufzeichen	FLSO	Klassifizierung	Bureau Veritas
IMO-Nummer	9198927	MMSI-Nummer	226318000
Länge	203,90 m	Vermessung Brutto	32.728 GT
Breite	25,00 m	Vermessung Netto	13.081 NT
Tiefgang	6,40 m	Tragfähigkeit	6.515 tdw
Passagiere / Kabinen	1.608 / 244	Höchstgeschwindigkeit	27,6 kn
Fahrzeuge	712 Fahrzeuge	Frachtkapazität	2.250 lm

Hauptmaschinen	4 x Sulzer, Diesel / 46.080 kW
Zusatzantrieb	3 x Diesel / 1.600 kW
Propeller	2 x Verstellpropeller
Bugstrahler	2 x Tunnel

Abbildung 23: M/S Connemara   Foto: © Brittany Ferries

Schiffsname	M/S Connemara	

Heimathafen / Flaggenstaat	Morlais / Frankreich
Bauwerft / Baunummer	Cantiere Navale Visentini, Porto Viro, Italien / #216
Frühere Schiffsnamen	2006-2010 Borja, 2010-2011 Baltic Amber, 2011-2016 Norman Asturias, 2016-2018 Asterion
Baujahr	2006

Rufzeichen	5BEQ4	Klassifizierung	RINA
IMO-Nummer	9349760	MMSI-Nummer	209236000
Länge	186,63 m	Vermessung Brutto	27.414 GT
Breite	25,60 m	Vermessung Netto	9.272 NT
Tiefgang	6,71 m	Tragfähigkeit	7.657 tdw
Passagiere / Kabinen	518 / 121	Höchstgeschwindigkeit	24 kn
Fahrzeuge	195 PKW	Frachtkapazität	2.255 lm

Hauptmaschinen	2 x MAN B&W 9L48/60B, Diesel / 21.600 kW
Zusatzantrieb	Ohne Angabe
Propeller	2 x Verstellpropeller
Bugstrahler	2 x Tunnel

Abbildung 24: M/S Cotentin   Foto: © Brittany Ferries

Schiffsname	M/S Cotentin	

Heimathafen / Flaggenstaat	Cherbourg / Frankreich
Bauwerft / Baunummer	Aker Yards Oy, Rauma, Finnland / #1357
Frühere Schiffsnamen	2007-2013 Cotentin, 2013-2020 Stena Baltica
Baujahr	2007

Rufzeichen	FMLX	**Klassifizierung**	Bureau Veritas
IMO-Nummer	9364978	**MMSI-Nummer**	228263800
Länge	165,00 m	**Vermessung Brutto**	22.308 GT
Breite	26,80 m	**Vermessung Netto**	6.692 NT
Tiefgang	6,50 m	**Tragfähigkeit**	6.200 tdw
Passagiere / Betten	216 / 216	**Höchstgeschwindigkeit**	23 kn
Fahrzeuge	100 Fahrzeuge	**Frachtkapazität**	2.188 lm oder 120 LKW

Hauptmaschinen	2 x MAK 12M43C, Diesel / 24.000 kW
Zusatzantrieb	2 x Diesel / 1.386 kW
Propeller	2 x Verstellpropeller LB 10.00
Bugstrahler	2 x Tunnel

Abbildung 25: M/S Etretat

Foto: © Brittany Ferries

Schiffsname — M/S Etretat

Heimathafen / Flaggenstaat	Le Havre / Frankreich
Bauwerft / Baunummer	Cantiere Navale Visentini, Porto Viro, Italien / #220
Frühere Schiffsnamen	2008-2014 Norman Voyager
Baujahr	2008

Rufzeichen	FIDP	Klassifizierung	Bureau Veritas
IMO-Nummer	9420423	MMSI-Nummer	228022900
Länge	186,46 m	Vermessung Brutto	26.904 GT
Breite	25,60 m	Vermessung Netto	9.000 NT
Tiefgang	6,80 m	Tragfähigkeit	7.000 tdw
Passagiere/Kabinen	800 / 428	Höchstgeschwindigkeit	23,5 kn
Fahrzeuge	195 Fahrzeuge	Frachtkapazität	2.255 lm

Hauptmaschinen	2 x MAN B&W 9L48/60B, Diesel / 21.600 kW
Zusatzantrieb	3 x Diesel / 1.901 kW
Propeller	2 x Verstellpropeller 10.00
Bugstrahler	2 x Tunnel

Abbildung 26: M/S Galicia

Foto: © Brittany Ferries

Schiffsname	M/S Galicia

Heimathafen / Flaggenstaat	Morlaix / Frankreich
Bauwerft / Baunummer	China Merchants Jinling Shipyard Co Ltd, Weihai, China / #W0267
Frühere Schiffsnamen	-
Baujahr	2020

Rufzeichen	FMMN	**Klassifizierung**	DNV GL
IMO-Nummer	9856189	**MMSI-Nummer**	228392900
Länge	214,50 m	**Vermessung Brutto**	41.863 GT
Breite	27,80 m	**Vermessung Netto**	16.972 NT
Tiefgang	6,70 m	**Tragfähigkeit**	7.700 tdw
Passagiere / Kabinen	1.015 / 341	**Höchstgeschwindigkeit**	22 kn
Fahrzeuge	550 Fahrzeuge	**Frachtkapazität**	3.100 lm

Hauptmaschinen	2 x Caterpillar MaK 12M43C, Diesel / 25.200 kW
Zusatzantrieb	3 x 3 x Wärtsilä 8L20, Diesel
Propeller	2 x Verstellpropeller MPP 1410f
Bugstrahler	2 x Wärtsila WTT24 CP, Tunnel, 2.400kW

Abbildung 27: M/S Mont St Michel
Foto: © Brittany Ferries

Schiffsname — M/S Mont St Michel

Heimathafen / Flaggenstaat	Caen / Frankreich
Bauwerft / Baunummer	Van der Giessen de Noord, Krimpen, Niederlande / #985
Frühere Schiffsnamen	-
Baujahr	2002

Rufzeichen	FNMT	Klassifizierung	Bureau Veritas
IMO-Nummer	9238337	MMSI-Nummer	227023100
Länge	173,95 m	Vermessung Brutto	35.592 GT
Breite	28,50 m	Vermessung Netto	10.677 NT
Tiefgang	6,20 m	Tragfähigkeit	5.579 tdw
Passagiere / Kabinen	2.170 / 224	Höchstgeschwindigkeit	22 kn
Fahrzeuge	830 Fahrzeuge	Frachtkapazität	118 LKW

Hauptmaschinen	4 x MAK 6M43, Diesel / 21.600 kW
Zusatzantrieb	3 x Wärtsilä 9L20C, Diesel / jeweils 1.560 kW
Propeller	2 x Verstellpropeller
Bugstrahler	2 x KaMeWa, Tunnel / jeweils 1.500 kW

Abbildung 28: M/S Normandie   Foto: © Brittany Ferries

Schiffsname — M/S Normandie

Heimathafen / Flaggenstaat	Caen / Frankreich
Bauwerft / Baunummer	Kvaerner Masa Yards, Turku, Finnland / #1315
Frühere Schiffsnamen	—
Baujahr	1992

Rufzeichen	FNNO	Klassifizierung	Bureau Veritas
IMO-Nummer	9006253	MMSI-Nummer	227273000
Länge	161,40 m	Vermessung Brutto	27.541 GT
Breite	26,00 m	Vermessung Netto	15.760 NT
Tiefgang	6,01 m	Tragfähigkeit	5.229 tdw
Passagiere / Kabinen	2.100 / 220	Höchstgeschwindigkeit	20,5 kn
Fahrzeuge	575 Fahrzeuge	Frachtkapazität	1.720 lm oder 84 LKW

Hauptmaschinen	4 x Wärtsilä 12V23E, Diesel / jeweils 4.440 kW
Zusatzantrieb	4 x Diesel / 2.460 kW
Propeller	2 x Verstellpropeller
Bugstrahler	2 x Tunnel

Abbildung 29: HSC Normandie Express   Foto: © Brittany Ferries

Schiffsname	HSC Normandie Express

Heimathafen / Flaggenstaat	Caen / Frankreich
Bauwerft / Baunummer	Incat, Hobart, Tasmanien, Australien / #057
Frühere Schiffsnamen	2000 Incat Tasmania, 2000-2005 The Lynx
Baujahr	2000

Rufzeichen	FMIH	Klassifizierung	Bureau Veritas
IMO-Nummer	9221358	MMSI-Nummer	228237700
Länge	97,22 m	Vermessung Brutto	6.581 GT
Breite	26,60 m	Vermessung Netto	Ohne Angabe
Tiefgang	3,43 m	Tragfähigkeit	750 tdw
Passagiere / Kabinen	850 / Keine	Höchstgeschwindigkeit	42 kn
Fahrzeuge	235 Fahrzeuge	Frachtkapazität	Keine Fracht

Hauptmaschinen	4 x Ruston Paxman 20RK270, Diesel / jeweils 7.080 kW
Zusatzantrieb	Ohne Angabe
Propeller	2 x Waterjet 5.00
Bugstrahler	Ohne Angabe

Abbildung 30: M/S Pont-Aven   Foto: © Brittany Ferries

Schiffsname	M/S Pont-Aven	

Heimathafen / Flaggenstaat	Morlaix / Frankreich
Bauwerft / Baunummer	Meyer-Werft, Papenburg, Deutschland / #650
Frühere Schiffsnamen	—
Baujahr	2004

Rufzeichen	FNPN	**Klassifizierung**	Bureau Veritas
IMO-Nummer	9268708	**MMSI-Nummer**	228183600
Länge	184,30 m	**Vermessung Brutto**	41.700 GT
Breite	30,90 m	**Vermessung Netto**	Ohne Angabe
Tiefgang	6,80 m	**Tragfähigkeit**	4.750 tdw
Passagiere/Kabinen	2.414 / 652	**Höchstgeschwindigkeit**	27 kn
Fahrzeuge	650 Fahrzeuge	**Frachtkapazität**	85 LKW

Hauptmaschinen	4 x MAK 12V M43, Diesel / 43.200 kW
Zusatzantrieb	3 x Wärtsilä 6SW280, Diesel
Propeller	2 x Verstellpropeller Wärtsilä-Lips
Bugstrahler	2 x Bugstrahler und 1 x Heckstrahler

Color Line ist eine norwegische Reederei, die vier Fährlinien und sechs Schiffe betreibt. Sie entstand im Oktober 1990 durch den Zusammenschluss der Jahre Line und Norway Line. Im Dezember 1990 kaufte Color Line den Fährbetrieb der Fred. Olsen Lines sowie im Oktober 1996 die Streckenrechte der Larvik Line (Larvik–Frederikshavn). 1998 übernahm Color Line die Scandi Line mit der M/S Sandefjord, der M/S Bohus und der M/S Color Viking sowie den Streckenrechten auf der Route Strömstad–Sandefjord. Color Line AS ist eine 100%ige Tochter der Holding Color Group ASA, alleiniger Inhaber ist Olav Nils Sunde, der durch den Aufkauf aller in Streubesitz befindlichen Aktien im November 1998 alleiniger Eigentümer der Color Line wurde.

Bahnbrechend waren die Indienststellung der M/S Color Fantasy im Dezember 2004 als bis dahin „größtes Kreuzfahrtschiff mit Autodeck"[Zitat: Color Line A/S]. Der M/S Color Fantasy folgte im Herbst 2007 ihr Schwesterschiff, die M/S Color Magic. Ein weiterer Meilenstein wurde die Aufnahme des Fährverkehrs zwischen Hirtshals und Kristiansand sowie zwischen dem norwegischen Hirtshals und dem dänischen Larvik mit 2 neuen Hochgeschwindigkeitsfähren, der 211 m langen HSC" Superspeed 1" sowie der weitgehend baugleichen HSC „Superspeed 2" im Jahre 2008. Dadurch verkürzten sich die Fahrtzeiten auf 3 Stunden 15 Minuten auf der Route Hirtshals-Kristiansand sowie auf lediglich 3 Stunden und 45 Minuten auf der Route Hirtshals-Larvik. [12]

Abbildung 31: Aussenaufnahme   Foto: © Dag G. Nordsveen / Nordsveenfoto.no

Abbildung 32: M/S Color Hybrid

Foto: © UAVPIC / Color Line

Schiffsname — M/S Color Hybrid

Heimathafen / Flaggenstaat	Sandefjord / Norwegen
Bauwerft / Baunummer	Ulstein Verft AS, Ulsteinvik, Norwegen / #311
Frühere Schiffsnamen	-
Baujahr	2019

Rufzeichen	LEXD	Klassifizierung	DNV-GL
IMO-Nummer	9824289	MMSI-Nummer	257465000
Länge	160,33 m	Vermessung Brutto	27.164 GT
Breite	27,10 m	Vermessung Netto	8.149 NT
Tiefgang	6,00 m	Tragfähigkeit	3.258 tdw
Passagiere / Kabinen	2.000 /	Höchstgeschwindigkeit	17 kn
Fahrzeuge	500 Fahrzeuge	Frachtkapazität	Ohne Angabe

Hauptmaschinen	4 x Hybrid Rolls-Royce Bergen B33:45L / Diesel + elektrisch / 18.000 kW
Propeller	2 x Verstellpropeller Brunvoll ECP115
Bugstrahler	2 x Tunnel, Brunvoll / 1 x Heckstrahler Brunvoll

Abbildung 33: M/S Color Fantasy

Foto: © Fjellanger Wideröe Foto AS

Schiffsname — M/S Color Fantasy

Heimathafen / Flaggenstaat	Oslo / Norwegen
Bauwerft / Baunummer	Kværner Masa Yards AB, Turku, Finnland / #1351
Frühere Schiffsnamen	—
Baujahr	2004

Rufzeichen	LMSD	**Klassifizierung**	DNV-GL
IMO-Nummer	9278234	**MMSI-Nummer**	257182000
Länge	223,75 m	**Vermessung Brutto**	75.027 GT
Breite	35,00 m	**Vermessung Netto**	48.197 NT
Tiefgang	6,80 m	**Tragfähigkeit**	6.795 tdw
Passagiere /Kabinen	2.750 / 966	**Höchstgeschwindigkeit**	22,1 kn
Fahrzeuge	750 Fahrzeuge	**Frachtkapazität**	1.280 lm LKW

Hauptmaschinen	4 x Wärtsila W8L46B, Diesel / jeweils 7.800 kW
Zusatzantrieb	4 x Wärtsila 6L26A2, Diesel
Propeller	2 x 4-Blatt-Verstellpropeller
Bugstrahler	3 x Tunnel

Abbildung 34: M/S Color Magic   Foto: © SCANPIX NORGE/Terje Bendiksby

Schiffsname   M/S Color Magic   ╬

Heimathafen / Flaggenstaat	Oslo / Norwegen
Bauwerft / Baunummer	Aker Yards Oy, Turku, Finnland / #1355
Frühere Schiffsnamen	—
Baujahr	2007

Rufzeichen	LNWC	Klassifizierung	DNV-GL
IMO-Nummer	9278234	MMSI-Nummer	257182000
Länge	223,75 m	Vermessung Brutto	75.156 GT
Breite	35,00 m	Vermessung Netto	47.529 NT
Tiefgang	6,80 m	Tragfähigkeit	6.133 tdw
Passagiere / Kabinen	2.750 / 966	Höchstgeschwindigkeit	22,1 kn
Fahrzeuge	550 Fahrzeuge	Frachtkapazität	1.280 lm LKW / Busse

Hauptmaschinen	4 x 7,800 kW, Wärtsila W8L46B, Diesel / 31.200 kW
Zusatzantrieb	4 x Wärtsila 6L26A2, Diesel
Propeller	2 x 4-Blade-Verstellpropeller
Bugstrahler	3 x Tunnel

Abbildung 35: M/S Color Viking   Foto: © Nordsveenfoto.no

Schiffsname   M/S Color Viking   ✚

Heimathafen / Flaggenstaat	Sandefjord / Norwegen
Bauwerft / Baunummer	A/S Nakskov Skipsvaerft, Nakskov, Dänemark / #233
Frühere Schiffsnamen	1985-1991 Peder Paars, 1991-1998 Stena Invicta, 1998-2000 Wasa Jubilee
Baujahr	1985

Rufzeichen	LLTF	**Klassifizierung**	DNV-GL
IMO-Nummer	8317942	**MMSI-Nummer**	259278000
Länge	137,00 m	**Vermessung Brutto**	19.763 GT
Breite	24,62 m	**Vermessung Netto**	6.076 NT
Tiefgang	5,65 m	**Tragfähigkeit**	2.390 tdw
Passagiere / Kabinen	1.720 / 148	**Höchstgeschwindigkeit**	18 kn
Fahrzeuge	370 Fahrzeuge	**Frachtkapazität**	651 lm

Hauptmaschinen	2 x MAN Burmeister & Wain 8L45GB, Diesel / 12.480 kW
Zusatzantrieb	4 x MAN Burmeister & Wain 8S28 LU
Propeller	2 x Verstellpropeller KaMeWa, Rolls-Royce AB
Bugstrahler	2 x 2400B/AS-CP + 1 x Heckstrahler 2400B/AS-CP

Abbildung 36: HSC SuperSpeed 1   Foto: © Kurt Engen

Schiffsname   HSC SuperSpeed 1

Heimathafen / Flaggenstaat	Kristiansand / Norwegen
Bauwerft / Baunummer	Aker Yards, Rauma, Finnland / #1359
Frühere Schiffsnamen	—
Baujahr	2008

Rufzeichen	JWNH	**Klassifizierung**	DNV-GL
IMO-Nummer	9374519	**MMSI-Nummer**	259490000
Länge	211,30 m	**Vermessung Brutto**	36.822 GT
Breite	26,00 m	**Vermessung Netto**	11.047 NT
Tiefgang	6,70 m	**Tragfähigkeit**	5.400 tdw
Passagiere	2.315	**Höchstgeschwindigkeit**	27 kn
Fahrzeuge	750 Fahrzeuge	**Frachtkapazität**	1.990 lm

Hauptmaschinen	4 x Wärtsilä 9L46, Diesel / jeweils 9.600 kW
Zusatzantrieb	4 x Wärtsilä 6L32, Diesel / jeweils 3.000 kW
Propeller	2 x 4-Blatt-Verstellpropeller 150XF5/4
Bugstrahler	3 x Tunnel (2 x Rolls-Royce TT 2650 AUX CP / 2.400 kW,
	1 x Rolls-Royce TT 2000 AUX CP / 1.200 kW)

Abbildung 37: HSC SuperSpeed 2

Foto: © Nordsveenfoto.no

Schiffsname HSC SuperSpeed 2

Heimathafen / Flaggenstaat	Larvik / Norwegen
Bauwerft / Baunummer	Aker Yards, Rauma, Finnland / #1360
Frühere Schiffsnamen	—
Baujahr	2008

Rufzeichen	JWNE	**Klassifizierung**	DNV-GL
IMO-Nummer	9378682	**MMSI-Nummer**	258092000
Länge	211,30 m	**Vermessung Brutto**	34.231 GT
Breite	26,00 m	**Vermessung Netto**	10.269 NT
Tiefgang	6,70 m	**Tragfähigkeit**	5.400 tdw
Passagiere / Kabinen	1.929	**Höchstgeschwindigkeit**	27 kn
Fahrzeuge	764 Fahrzeuge	**Frachtkapazität**	2.036 lm

Hauptmaschinen	4 x Wärtsilä 9L46, Diesel / jeweils 9.600 kW
Zusatzantrieb	4 x Wärtsilä 6L32, Diesel / jeweils 3.000 kW
Propeller	2 x 4-Blatt-Verstellpropeller 150XF5/4
Bugstrahler	3 x Tunnel (2 x Rolls-Royce TT 2650 AUX CP / 2.400 kW,
	1 x Rolls-Royce TT 2000 AUX CP / 1.200 kW)

Condor Ferries wurde 1964 als Passagierfährdienst zwischen Frankreich und den Kanalinseln gegründet. Seit 1987 verbindet Condor Ferries mit seinen RoPax-Fähren die Kanalinseln das ganze Jahr über mit den englischen Häfen Poole, Weymouth und Portsmouth. Von Guernsey und Jersey aus wurde eine reguläre Fährverbindung zu den französischen Häfen St. Malo und Cherbourg eingerichtet. 1993 begann für Condor Ferries die Ära der Hochgeschwindigkeitsfähren mit der Indienststellung der bei InCat in Australien gebauten Katamaranfähre „Condor 10" zwischen den Kanalinseln und dem englischen Hafen Weymouth. Auf die „Condor 10" folgten 1995 die „Condor 11" sowie 1996 die „Condor 12", welche jeweils eine Saison genutzt wurden und im Anschluß verkauft wurden. Später erwarb Condor weitere InCat-Schiffe: die Condor Express, die Condor Vitesse und die Condor Rapide. 1999 übernahm Commodore Shipping vollständig Condor Ferries. Das Jahr 2002 brachte eine Reihe von Veränderungen: die Commodore Group, zu der neben Condor Ferries auch Commodore Ferries und Commodore Express gehörte, wurde an ein Management-Buy-Out-Team für 150 Millionen britische Pfund verkauft. 2004 wurde die Gruppe umstrukturiert, Commodore Ferries wurde in Condor Ferries integriert und Commodore Express in Condor Logistics umbenannt. Im selben Jahr wurde Condor Ferries an die Royal Bank of Scotland für 240 Millionen brit. Pfund verkauft. 2008 wechselte Condor Ferries abermals den Eigentümer. Der neue Eigner der Reederei wurde die australische Maquarie Group, in deren Besitz sich bis heute Condor Ferries befindet. [13]

Abbildung 38: M/S Commodore Clipper

Foto: © Condor Ferries Ltd.

Schiffsname   M/S Commodore Clipper

Heimathafen / Flaggenstaat	Nassau / Bahamas
Bauwerft / Baunummer	Van der Giessen de Noord, Niederlande / #975
Frühere Schiffsnamen	—
Baujahr	1999

Rufzeichen	C6QQ3	**Klassifizierung**	DNV-GL
IMO-Nummer	9201750	**MMSI-Nummer**	308094000
Länge	129,14 m	**Vermessung Brutto**	14.000 GT
Breite	23,40 m	**Vermessung Netto**	4.201 NT
Tiefgang	5,80 m	**Tragfähigkeit**	4.504 tdw
Passagiere / Kabinen	500 / 40	**Höchstgeschwindigkeit**	18,7 kn
Fahrzeuge	279 Fahrzeuge	**Frachtkapazität**	1.265 lm

Hauptmaschinen	2 x MAK 9M32, Diesel / 4.320 kW
Zusatzantrieb	3 x Caterpillar 3508B DITA , Diesel
Propeller	2 x Verstellpropeller
Bugstrahler	2 x Tunnel

Abbildung 39: HSC Condor Liberation

Foto: © Condor Ferries Ltd.

Schiffsname — HSC Condor Liberation

Heimathafen / Flaggenstaat	Nassau / Bahamas
Bauwerft / Baunummer	Austal Ships Pty Ltd, Henderson, Australien / #270
Frühere Schiffsnamen	2010-2013 Austal 270, 2013-2014 Austal Hull 270, 2014-2015 Condor 102
Baujahr	2010

Rufzeichen	C6YL4	**Klassifizierung**	DNV-GL
IMO-Nummer	9551363	**MMSI-Nummer**	311037300
Länge	102.00 m	**Vermessung Brutto**	6,307 GT
Breite	27.40 m	**Vermessung Netto**	1,892 NT
Tiefgang	4.50 m	**Tragfähigkeit**	680 tdw
Passagiere / Kabinen	880 / Keine Kabinen	**Höchstgeschwindigkeit**	37 kn
Fahrzeuge	245 Fahrzeuge	**Frachtkapazität**	188 lm

Hauptmaschinen	3 x MTU 20V 8000 M71L, Diesel / jeweils 9,100 kW
Zusatzantrieb	Ohne Angabe
Propeller	3 x Wärtsilä Lips LJX 1300 Waterjets

Abbildung 40: HSC Condor Rapide

Foto: © Condor Ferries Ltd.

Schiffsname — HSC Condor Rapide

Heimathafen / Flaggenstaat	Nassau / Bahamas
Bauwerft / Baunummer	InCat Australia Pty.Ltd., Hobart, Australien / #045
Frühere Schiffsnamen	1997-1999 Incat 045, 1999-2001 HMAS Jarvis Bay, 2001-2002 Jarvis Bay, 2002-2004 Incat 045 , 2004-2004 Winner, 2004-2008 Speed One, 2009-2009 Sea Leopard
Baujahr	1997

Rufzeichen	C6YK8	**Klassifizierung**	DNV-GL
IMO-Nummer	9161560	**MMSI-Nummer**	311036800
Länge	86,62 m	**Vermessung Brutto**	5.007 GT
Breite	26,00 m	**Vermessung Netto**	2.059 NT
Tiefgang	3,628 m	**Tragfähigkeit**	415 tdw
Passagiere / Kabinen	900 / Keine Kabinen	**Höchstgeschwindigkeit**	48 kn
Fahrzeuge	200 Fahrzeuge	**Frachtkapazität**	Keine Fracht

Hauptmaschinen	4 x Ruston 20RK270, Diesel / 28.320 kW
Zusatzantrieb	4 x Caterpillar 3406 DITA, Diesel
Propeller	4 x Wärtsilä Lips LJ145D Waterjets

Abbildung 41: DFDS Firmenzentrale   Foto: © DFDS Seaways

DFDS blickt auf eine sehr bewegte Geschichte zurück. DFDS wurde im Jahre 1866 geboren, als C.F.Tietgen die derzeit 3 größten dänischen Schiffahrtsgesellschaften zusammenführte. Von Beginn an beförderte die DFDS sowohl Fracht als auch Passagiere in Dänemark und auch außerhalb des heimischen Marktes. Die internationalen Ambitionen der DFDS erstreckten sich zu Beginn auf die Ostsee und die Nordsee sowie etwas später auf die Mittelmeerregion, die USA und Südamerika. Basierend auf einem Kreuzfahrt-Fährkonzept versuchte die DFDS 1982 eine Route zwischen New York und Miami zu etablieren, musste jedoch bereits 1983 mangels Nachfrage diese Pläne wieder begraben. Daraufhin wurde die DFDS Group umstrukturiert und infolge dessen auch die Aktivitäten im Mittelmeer sowie die Routen in die USA und nach Südamerika verkauft. Seitdem konzentrierte sich DFDS hauptsächlich auf seine Aktivitäten in Nordeuropa.Seitdem wuchs das Reedereigeschäft der DFDS stetig, insbesondere durch die Übernahme der litauischen LISCO im Jahre 2001 und der norwegischen Lys-Line 2003. Nachdem 2007 ein neues Management das Ruder übernommen hatte, änderte DFDS auch die strategische Ausrichtung und übernahm 2010 von der dänischen AP Möller-Maersk die Norfolkline. Damit war das derzeit größte Reederei- und Logistikunternehmen in Nordeuropa entstanden, welches in der Ostsee, der Nordsee und dem Ärmelkanal auf 25 Routen mit 55 Schiffen unterwegs war. Die Logistiksparte der DFDS stellte den Transport der Güter von den Häfen nach ganz Europa sicher. [14] Heute gehört auch Transmanche Ferries mit den beiden RoPax-Fähren M/S Côte d'Albâtre und M/S Seven Sisters zum DFDS-Verkehrsnetz.[15]

Abbildung 42: M/S Athena Seaways

Foto: © DFDS Seaways

Schiffsname   M/S Athena Seaways

Heimathafen / Flaggenstaat	Klaipeda / Litauen
Bauwerft / Baunummer	Nuovi Cantieri Apuania, Massa di Carrara, Italien / #1237
Frühere Schiffsnamen	2007-2013 M/S Coraggio
Baujahr	2007

Rufzeichen	LYAC	Klassifizierung	RINA
IMO-Nummer	9350680	**MMSI-Nummer**	277504000
Länge	199,14 m	**Vermessung Brutto**	25.993 GT
Breite	26,60 m	**Vermessung Netto**	Ohne Angabe
Tiefgang	6,40 m	**Tragfähigkeit**	8.500 tdw
Passagiere	600	**Höchstgeschwindigkeit**	24 kn
Fahrzeuge	Ohne Angabe	**Frachtkapazität**	2.490 lm

Hauptmaschinen	2 x Wärtsilä 12V46, Diesel / jeweils 12.600 kW
Zusatzantrieb	4 x Diesel / 5.590 kW
Propeller	2 x Verstellpropeller
Bugstrahler	2 x Tunnel

Abbildung 43: M/S Calais Seaways   Foto: © DFDS Seaways

Schiffsname — M/S Calais Seaways

Heimathafen / Flaggenstaat	Le Havre / Frankreich
Bauwerft / Baunummer	Boelwerf Shipyard, Temse, Belgien / #1534
Frühere Schiffsnamen	1991-1998 Prins Filip, 1998-1999 Stena Royal, 1999-2002 POSL Aquitaine, 2002-2003 PO Aquitaine, 2003-2005 Pride of Aquitaine, 2005-2010 Norman Spirit, 2010-2011 Ostend Spirit, 2011-2013 Norman Spirit
Baujahr	1991

Rufzeichen	FGXF	**Klassifizierung**	Bureau Veritas
IMO-Nummer	8908466	**MMSI-Nummer**	228006800
Länge	163,61 m	**Vermessung Brutto**	28.833 GT
Breite	27,60 m	**Vermessung Netto**	11.596 NT
Tiefgang	6,35 m	**Tragfähigkeit**	3.832 tdw
Passagiere / Kabinen	1.850 / 121	**Höchstgeschwindigkeit**	21 kn
Fahrzeuge	250 Fahrzeuge	**Frachtkapazität**	1.800 lm

Hauptmaschinen	4 x Sulzer 8ZA S40, Diesel / jeweils 5.280 kW
Zusatzantrieb	4 x ABC Diesel / jeweils 1.459 kW
Propeller	2 x Verstellpropeller, LB 10.00
Bugstrahler	2 x Tunnel / 1.200 kW und 1 x 900 kW

Abbildung 44: M/S Côte d'Albâtre

Schiffsname — M/S Côte d'Albâtre

Heimathafen / Flaggenstaat	Rouen / Frankreich
Bauwerft / Baunummer	Astilleros Hijos de J.Barreras, Vigo, Spanien / #1645
Frühere Schiffsnamen	-
Baujahr	2006

Rufzeichen	FMHO	**Klassifizierung**	Bureau Veritas
IMO-Nummer	9320128	**MMSI-Nummer**	228233600
Länge	142,63 m	**Vermessung Brutto**	18.425 GT
Breite	24,20 m	**Vermessung Netto**	5.527 NT
Tiefgang	5,90 m	**Tragfähigkeit**	2.900 tdw
Passagiere / Betten	600 / 196	**Höchstgeschwindigkeit**	22 kn
Fahrzeuge	224 Fahrzeuge	**Frachtkapazität**	1.270 lm

Hauptmaschinen	2 x Wärtsilä 8L46C, Diesel / 18.900 kW
Zusatzantrieb	3 x Diesel / 1.080 kW
Propeller	2 x Verstellpropeller LB 10.00
Bugstrahler	2 x Tunnel

Abbildung 45: M/S Côte des Dunes

Foto: © DFDS Seaways

Schiffsname — M/S Côte des Dunes

Heimathafen / Flaggenstaat	Le Havre / Frankreich
Bauwerft / Baunummer	Aker Finnyard Oy, Rauma, Finnland / #437
Frühere Schiffsnamen	2001-2012 Seafrance Rodin, 2012-2016 Rodin
Baujahr	2001

Rufzeichen	FOBQ	**Klassifizierung**	Bureau Veritas
IMO-Nummer	9232527	**MMSI-Nummer**	227022800
Länge	185.82 m	**Vermessung Brutto**	33,796 GT
Breite	27.70 m	**Vermessung Netto**	11,502 NT
Tiefgang	6.75 m	**Tragfähigkeit**	6,260 tdw
Passagiere / Betten	1,900	**Höchstgeschwindigkeit**	25 kn
Fahrzeuge	714 Fahrzeuge	**Frachtkapazität**	2,000 lm od. 120 LKW

Hauptmaschinen	2 x Wärtsilä 12V46B, Diesel / jeweils 11,700 kW, 2 x Wärtsilä 8L46B, Diesel / jeweils 7,800 kW
Zusatzantrieb	4 x Diesel / 1,368 kW
Propeller	2 x Verstellpropeller, Lips LB 10.00
Bugstrahler	3 x Lips Bugstrahler Tunnel, jeweils 1,800 kW / 1 x Lips Heckstrahler Tunnel / 1,800 kW

Abbildung 46: M/S Côte des Flandres   Foto: © DFDS Seaways

Schiffsname   M/S Côte des Flandres

Heimathafen / Flaggenstaat	Le Havre / Frankreich
Bauwerft / Baunummer	Chantiers de l'Atlantique, Saint Nazaire, Frankreich / #032
Frühere Schiffsnamen	2005-2012 Seafrance Berlioz, 2012-2016 Berlioz
Baujahr	2005

Rufzeichen	FMAB	**Klassifizierung**	Bureau Veritas
IMO-Nummer	9305843	**MMSI-Nummer**	228085000
Länge	185,82 m	**Vermessung Brutto**	33,796 GT
Breite	27.70 m	**Vermessung Netto**	11,502 NT
Tiefgang	6.75 m	**Tragfähigkeit**	6,260 tdw
Passagiere	1,900	**Höchstgeschwindigkeit**	25 kn
Fahrzeuge	714 Fahrzeuge	**Frachtkapazität**	2,000 lm od. 120 LKW

Hauptmaschinen	2 x Wärtsilä 12V46B, Diesel / jeweils 11,700 kW, 2 x Wärtsilä 8L46B, Diesel / jeweils 7,800 kW
Zusatzantrieb	4 x Diesel / 1,368 kW
Propeller	2 x Verstellpropeller, Lips LB 10.00
Bugstrahler	3 x Lips Bugstrahler Tunnel, jeweils 1,800 kW / 1 x Lips Heckstrahler Tunnel / 1,800 kW

Abbildung 47: M/S Crown Seaways   Foto: © DFDS Seaways

Schiffsname   M/S Crown Seaways   ✚

Heimathafen / Flaggenstaat	Kopenhagen / Dänemark
Bauwerft / Baunummer	Brodosplit brodogradilište d.o.o, Split,Kroatien / #373
Frühere Schiffsnamen	1994-2013 Crown of Scandinavia
Baujahr	1994

Rufzeichen	OXRA6	**Klassifizierung**	DNV-GL
IMO-Nummer	8917613	**MMSI-Nummer**	219592000
Länge	171,00 m	**Vermessung Brutto**	35.498 GT
Breite	28,20 m	**Vermessung Netto**	21.021 NT
Tiefgang	6,368 m	**Tragfähigkeit**	2.940 tdw
Passagiere	2.136	**Höchstgeschwindigkeit**	21,5 kn
Fahrzeuge	450 Fahrzeuge	**Frachtkapazität**	970 lm

Hauptmaschinen	4 x Pielstick 12PC2-6/2V, Diesel / 23.760 kW
Zusatzantrieb	4 x Wärtsilä 6R32BC, Diesel
Propeller	2 x Verstellpropeller KaMeWa 157XF3/4
Bugstrahler	2 x KaMeWa 2400 D/AS CP, Tunnel

Abbildung 48: M/S Delft Seaways   Foto: © DFDS Seaways

Schiffsname — M/S Delft Seaways

Heimathafen / Flaggenstaat	Dover / Vereinigtes Königreich
Bauwerft / Baunummer	Samsung Heavy Industries, Geoje, Südkorea / #1524
Frühere Schiffsnamen	2006-2010 Maersk Delft
Baujahr	2006

Rufzeichen	MJYC9	Klassifizierung	Lloyd´s Register
IMO-Nummer	9293088	MMSI-Nummer	235009590
Länge	186,65 m	Vermessung Brutto	34.500 GT
Breite	28,40 m	Vermessung Netto	10.300 NT
Tiefgang	6,75 m	Tragfähigkeit	6.160 tdw
Passagiere	780	Höchstgeschwindigkeit	25 kn
Fahrzeuge	200 Fahrzeuge	Frachtkapazität	1.800 lm oder 120 LKW

Hauptmaschinen	4 x MAN B&W 8L48/60B, Diesel / 38.400 kW
Zusatzantrieb	Ohne Angabe
Propeller	2 x Verstellpropeller
Bugstrahler	3 x Tunnel

Abbildung 49: M/S Dover Seaways   Foto: © DFDS Seaways

Schiffsname — M/S Dover Seaways

Heimathafen / Flaggenstaat	Dover / Vereinigtes Königreich
Bauwerft / Baunummer	Samsung Heavy Industries, Geoje, Südkorea / #1574
Frühere Schiffsnamen	2006-2010 Maersk Dover
Baujahr	2006

Rufzeichen	MLBZ6	Klassifizierung	Lloyd´s Register
IMO-Nummer	9318345	MMSI-Nummer	235010500
Länge	186,00 m	Vermessung Brutto	35.923 GT
Breite	28,00 m	Vermessung Netto	10.300 NT
Tiefgang	6,20 m	Tragfähigkeit	6.874 tdw
Passagiere / Kabinen	780 / 9	Höchstgeschwindigkeit	25 kn
Fahrzeuge	200 Fahrzeuge	Frachtkapazität	1.800 lm oder 120 LKW

Hauptmaschinen	4 x MAN 8L48/60B, Diesel / 38.400 kW
Zusatzantrieb	Ohne Angabe
Propeller	2 x Verstellpropeller
Bugstrahler	3 x Tunnel

Abbildung 50: M/S Dunkerque Seaways   Foto: © DFDS Seaways

Schiffsname — M/S Dunkerque Seaways 🇬🇧

Heimathafen / Flaggenstaat	Dover / Vereinigtes Königreich
Bauwerft / Baunummer	Samsung Heavy Industries, Geoje, Südkorea / #1523
Frühere Schiffsnamen	2005-2010 Maersk Dunkerque
Baujahr	2005

Rufzeichen	MJTL2	Klassifizierung	Lloyd´s Register
IMO-Nummer	9293076	MMSI-Nummer	235028825
Länge	189,00 m	Vermessung Brutto	35.923 GT
Breite	28,40 m	Vermessung Netto	10.776 NT
Tiefgang	5,80 m	Tragfähigkeit	6.787 tdw
Passagiere	780	Höchstgeschwindigkeit	25 kn
Fahrzeuge	200 Fahrzeuge	Frachtkapazität	1.800 lm oder 120 LKW

Hauptmaschinen	4 x MAN 8L48/ 60B, Diesel / 38.400 kW
Zusatzantrieb	Ohne Angabe
Propeller	2 x Verstellpropeller
Bugstrahler	2 x Tunnel

Abbildung 51: M/S King Seaways

Foto: © DFDS Seaways

Schiffsname — M/S King Seaways

Heimathafen / Flaggenstaat	Kopenhagen / Dänemark
Bauwerft / Baunummer	Schichau Seebeckwerft, Bremerhaven, Deutschland / #1059
Frühere Schiffsnamen	1992-1993 Nils Holgersson, 1993-2006 Val de Loire , 2006-2011 King of Scandinavia
Baujahr	1995

Rufzeichen	OVOL2	Klassifizierung	Bureau Veritas
IMO-Nummer	8502406	MMSI-Nummer	220449000
Länge	162,73 m	Vermessung Brutto	31.395 GT
Breite	27,60 m	Vermessung Netto	13.212 NT
Tiefgang	6,50 m	Tragfähigkeit	4.110 tdw
Passagiere / Kabinen	2.280 / 505	Höchstgeschwindigkeit	21,3 kn
Fahrzeuge	570 Fahrzeuge	Frachtkapazität	1.250 lm

Hauptmaschinen	4 x MAK, Diesel / 19.600 kW
Zusatzantrieb	5 x Diesel / jeweils 1.536 kW
Propeller	2 x Verstellpropeller LB 10.00
Bugstrahler	2 x Tunnel

Abbildung 52: M/S Optima Seaways

Foto: © DFDS Seaways

Schiffsname	M/S Optima Seaways	

Heimathafen / Flaggenstaat	Klaipeda / Litauen
Bauwerft / Baunummer	Cantiere Navale Visentini, Donada, Italien/ #1166
Frühere Schiffsnamen	1999-2001 Alyssa, 2001-2006 Svealand, 2006-2012 Lisco Optima
Baujahr	1999

Rufzeichen	LYSD	Klassifizierung	Lloyd´s Register
IMO-Nummer	9188427	**MMSI-Nummer**	277339000
Länge	186,00 m	**Vermessung Brutto**	25.206 GT
Breite	25,60 m	**Vermessung Netto**	7.744 NT
Tiefgang	6,50 m	**Tragfähigkeit**	7.500 tdw
Passagiere	328	**Höchstgeschwindigkeit**	21,5 kn
Fahrzeuge	135 Fahrzeuge	**Frachtkapazität**	2.240 lm

Hauptmaschinen	2 x MAN/B&W TYP 9L 48/60, Diesel / jeweils 9.450 kW
Zusatzantrieb	Ohne Angabe
Propeller	2 x Verstellpropeller
Bugstrahler	2 x Tunnel

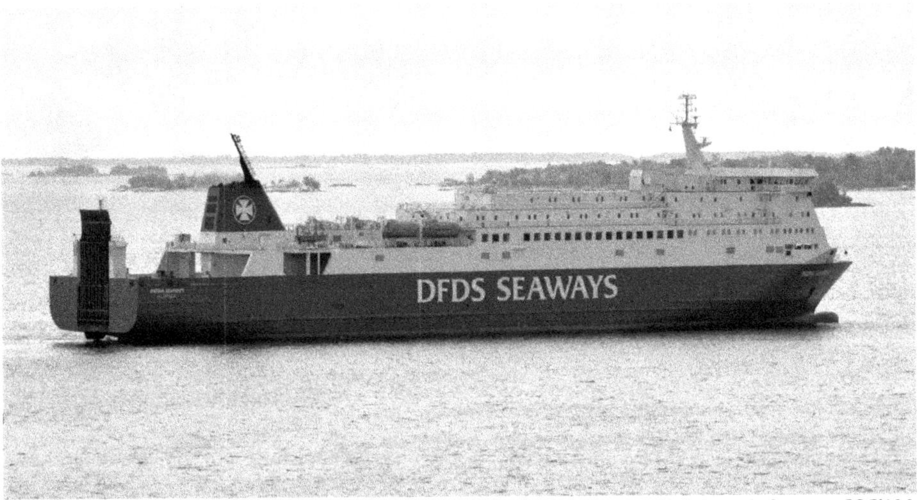

Abbildung 53: M/S Patria Seaways

Foto: © Johan Fredriksson/Wiki Commons CC-BY-3.0

Schiffsname M/S Patria Seaways

Heimathafen / Flaggenstaat	Klaipeda / Litauen
Bauwerft / Baunummer	Fosen Mekaniske Verksteder A/S, Rissa, Norwegen / #51
Frühere Schiffsnamen	1991-1992, 1995-1997, 2002-2004 Stena Traveller, 1992-1995, 1997-2002 TT-Traveller,2004-2011 Lisco Patria
Baujahr	1991

Rufzeichen	LYRC	**Klassifizierung**	American Bureau of Shipping
IMO-Nummer	8917390	**MMSI-Nummer**	277291000
Länge	154,00 m	**Vermessung Brutto**	18.332 GT
Breite	24,33 m	**Vermessung Netto**	5.499 NT
Tiefgang	5,90 m	**Tragfähigkeit**	4.758 tdw
Passagiere / Kabinen	243 / 204	**Höchstgeschwindigkeit**	18 kn
Fahrzeuge	480 Fahrzeuge	**Frachtkapazität**	1.710 lm

Hauptmaschinen	2 x Wärtsilä Sulzer 8ZA40S, Diesel / jeweils 5.280 kW
Zusatzantrieb	3 x Diesel, jeweils 560 kW
Propeller	2 x Verstellpropeller
Bugstrahler	2 x Tunnel

Abbildung 54: M/S Pearl Seaways   Foto: © DFDS Seaways

Schiffsname   M/S Pearl Seaways

Heimathafen / Flaggenstaat	Kopenhagen / Dänemark
Bauwerft / Baunummer	Wärtsilä Turku Shipyard, Turku, Finnland / #1297
Frühere Schiffsnamen	1989-1993 Athena, 1993-1993 Star Aquarius, 1993-2001 Langkapuri Star Aqua, 2001-2001 Aquarius, 2001-2010 Pearl of Scandinavia
Baujahr	1989

Rufzeichen	OWFU2	Klassifizierung	DNV-GL
IMO-Nummer	8701674	MMSI-Nummer	219945000
Länge	178,40 m	Vermessung Brutto	40.039 GT
Breite	29,61 m	Vermessung Netto	23.052 NT
Tiefgang	6,215 m	Tragfähigkeit	2.800 tdw
Passagiere / Kabinen	2.200 / 704	Höchstgeschwindigkeit	21 kn
Fahrzeuge	350 Fahrzeuge	Frachtkapazität	1.008 lm

Hauptmaschinen	4 x Wärtsilä-Sulzer 9ZAL40S, Diesel / 23.760 kW
Zusatzantrieb	4 x Wärtsilä 6R32D, Diesel
Propeller	2 x Verstellpropeller KaMeWa 2X157XF3/4
Bugstrahler	2 x KaMeWa 2400 D/AS-CP, Tunnel

Abbildung 55: M/S Princess Seaways   Foto: © DFDS Seaways

Schiffsname   M/S Princess Seaways   ✚

Heimathafen / Flaggenstaat	Kopenhagen / Dänemark
Bauwerft / Baunummer	Schichau Seebeckwerft, Bremerhaven, Deutschland/ #1058
Frühere Schiffsnamen	1986-1993 Peter Pan, 1993-2002 Spirit of Tasmania, 2002-2003 Spir, 2003-2006 Fjord Norway, 2006-2011 Princess of Norway
Baujahr	1986

Rufzeichen	OXED2	Klassifizierung	DNV-GL
IMO-Nummer	8502391	MMSI-Nummer	220489000
Länge	161,53 m	Vermessung Brutto	31.356 GT
Breite	28,20 m	Vermessung Netto	14.025 NT
Tiefgang	6,217 m	Tragfähigkeit	4.110 tdw
Passagiere / Kabinen	1.460 / 469	Höchstgeschwindigkeit	18,5 kn
Fahrzeuge	Ohne Angabe	Frachtkapazität	Ohne Angabe

Hauptmaschinen	4 x MAK 8M552, Diesel / 19.600 kW
Zusatzantrieb	4 x Sulzer 9L28/32, Diesel
Propeller	2 x Verstellpropeller Escher Wyss 400GAP
Bugstrahler	2 x Brunvoll FU100LTC2450, Tunnel

Abbildung 56: M/S Regina Seaways   Foto: © DFDS Seaways

Schiffsname — M/S Regina Seaways

Heimathafen / Flaggenstaat	Klaipeda / Litauen
Bauwerft / Baunummer	Nuovi Cantieri Apuania,Massa Carrara,Italien/ #1244
Frühere Schiffsnamen	2010-2011 Energia
Baujahr	2010

Rufzeichen	LYTO	Klassifizierung	RINA
IMO-Nummer	9458535	MMSI-Nummer	277466000
Länge	176,92 m	Vermessung Brutto	25.518 GT
Breite	26,60 m	Vermessung Netto	Ohne Angabe
Tiefgang	6,40 m	Tragfähigkeit	7.500 tdw
Passagiere	600	Höchstgeschwindigkeit	24 kn
Fahrzeuge	600 Fahrzeuge	Frachtkapazität	2.623 lm

Hauptmaschinen	2 x Wärtsilä 12V46, Diesel / 24.000 kW
Zusatzantrieb	Ohne Angabe
Propeller	2 x Verstellpropeller
Bugstrahler	2 x Tunnel

Abbildung 57: M/S Seven Sisters   Foto: © Alf van Beem / Wikimedia Commons CC-0-1.0

Schiffsname   M/S Seven Sisters

Heimathafen / Flaggenstaat	Dieppe / Frankreich
Bauwerft / Baunummer	Astilleros Hijos de J.Barreras, Vigo, Spanien / #1646
Frühere Schiffsnamen	-
Baujahr	2006

Rufzeichen	FMJR	Klassifizierung	Bureau Veritas
IMO-Nummer	9320130	MMSI-Nummer	228244700
Länge	142,63 m	Vermessung Brutto	18.425 GT
Breite	24,20 m	Vermessung Netto	5.527 NT
Tiefgang	5,90 m	Tragfähigkeit	2.900 tdw
Passagiere / Kabinen	600 / 196	Höchstgeschwindigkeit	22 kn
Fahrzeuge	224 Fahrzeuge	Frachtkapazität	1.270 lm

Hauptmaschinen	2 x Wärtsilä 8L46C, Diesel / 18.900 kW
Zusatzantrieb	3 x Diesel / 1.080 kW
Propeller	2 x Verstellpropeller LB 10.00
Bugstrahler	2 x Tunnel

Abbildung 58: M/S Sirena Seaways   Foto: © DFDS Seaways

Schiffsname — M/S Sirena Seaways

Heimathafen / Flaggenstaat	Klaipeda / Litauen
Bauwerft / Baunummer	Stocznia A.Warskiego, Szczecin, Polen / #B591-1/2
Frühere Schiffsnamen	2002-2002 Golfo Dei Delfini, 2002-2013 Dana Sirena, 2013-2015 Sirena Seaways, 2015-2020 Baie de Seine
Baujahr	2002

Rufzeichen	LYBR	**Klassifizierung**	Bureau Veritas
IMO-Nummer	9212163	**MMSI-Nummer**	277569000
Länge	199,40 m	**Vermessung Brutto**	22.382 GT
Breite	25,00 m	**Vermessung Netto**	8.064 NT
Tiefgang	6,32 m	**Tragfähigkeit**	5.577 tdw
Passagiere / Kabinen	600 / 196	**Höchstgeschwindigkeit**	23 kn
Fahrzeuge	423 Fahrzeuge	**Frachtkapazität**	2.060 lm

Hauptmaschinen	2 x Wärtsilä 9L46C, Diesel / jeweils 9.450 kW
Zusatzantrieb	3 x ABB AMG 560 S8 / jeweils 1.440 kW
Propeller	2 x Verstellpropeller LIPS
Bugstrahler	2 x Tunnel

Abbildung 59: M/S Victoria Seaways   Foto: © DFDS Seaways

Schiffsname   M/S Victoria Seaways

Heimathafen / Flaggenstaat	Klaipeda / Litauen
Bauwerft / Baunummer	Nuovi Cantieri Apuania,Massa Carrara,Italien/ #1241
Frühere Schiffsnamen	2008-2012 Lisco Maxima
Baujahr	2008

Rufzeichen	LYTD	Klassifizierung	Registro Italiano Navale
IMO-Nummer	9350721	MMSI-Nummer	277408000
Länge	176,92 m	Vermessung Brutto	25.518 GT
Breite	26,60 m	Vermessung Netto	11.568 NT
Tiefgang	5,50 m	Tragfähigkeit	7.000 tdw
Passagiere	515	Höchstgeschwindigkeit	23,5 kn
Fahrzeuge	600 Fahrzeuge	Frachtkapazität	2.630 lm

Hauptmaschinen	2 x Wärtsilä 12V46C, Diesel / 24.000 kW
Zusatzantrieb	3 x Diesel / 5.040 kW
Propeller	2 x Verstellpropeller
Bugstrahler	2 x Tunnel

Rederiaktiebolaget ECKERÖ €

Rederiaktiebolaget Eckerö wurde am 2.März 1961 gegründet und ist die Mutter-gesellschaft der Eckerö Group, die aus den folgenden fünf Geschäftsbereichen besteht:
Eckerö Linjen - Ro-Pax-Fähre zwischen Eckerö (Åland) und Grisslehamn (Schweden)
Eckerö Line - Ro-Pax-Fährverkehr zwischen Helsinki (Finnland) und Tallinn (Estland)
Birka Cruises – Passagierverkehr Stockholm (Schweden) - Mariehamn (Åland)
Eckerö Shipping Ab Ltd - Ro Ro - Frachtverkehr (weltweit, aber hauptsächlich Europa)
Williams Buss – Bus-Service auf den Åland-Inseln sowie Fernreisebusse

Da für den Fährschiffsverkehr auf Ostsee und Nordsee lediglich Eckerö Linjen und Eckerö Line relevant sind, soll im Rahmen dieses Buches auch nur auf diese beiden Geschäftszweige der Eckerö Group eingegangen werden. [16]

ECKERÖ€LINJEN

Eckerö Linjen ist eine auf den Åland-Inseln beheimatete Fährgesellschaft, die zur Rederiaktiebolaget Eckerö-Gruppe gehört. Ebenfalls ein Geschäftsbereich von Eckerö Linjen sind die Reisebüro-Marken Ålandsresor und Ålandsresor Resebyrå, welche die konzerneigenen Fährverbindungen, Kreuzfahrten und Busreisen sowie auch verschiedene Fremdprodukte wie z.B. Flugbuchungen, Hotelübernachtungen, Pauschalreisen etc. vertreiben. Eckerö Linjen begann mit dem regulären Fährbetrieb im Jahre 1961 zwischen Eckerö (Åland) und Grisslehamn (Schweden) mit relativ kleinen Fährschiffen. Als erstes größeres Fahrschiff wurde 1982 die erste „M/S Eckerö" in Dienst gestellt und seit dem Jahre 2005 übernahm die wesentlich größere, von Bornholmstrafikken übernommene „M/S Jens Kofoed", nun in „M/S Eckerö" umbenannt, den Fährverkehr auf der Linie Eckerö – Grisslehamn. Auch wenn Eckerö Linjen und Eckerö Line juristisch zwei verschiedene Gesellschaften sind, werden die Schiffe der einen Gesellschaft zuweilen bei Bedarf für die andere Linie eingesetzt. [17]

ECKERÖ€LINE

Eckerö Line wurde im Jahre 1994 gegründet, ist Teil der Eckerö Group, und in Mariehamn auf den zu Finnland gehörenden Åland-Inseln beheimatet. Eckerö Line bedient die Route zwischen der estnischen Hauptstadt Tallinn und der finnischen Hauptstadt Helsinki. [18]

Abbildung 60: M/S Eckerö

Foto: © Eckerö Linjen

Schiffsname — M/S Eckerö

Heimathafen / Flaggenstaat	Grisslehamn / Schweden
Bauwerft / Baunummer	Aalborg Vaerft A/S, Aalborg, Dänemark / #222
Frühere Schiffsnamen	1979-2005 Jens Kofoed
Baujahr	1979

Rufzeichen	SBJU	**Klassifizierung**	Bureau Veritas
IMO-Nummer	7633155	**MMSI-Nummer**	266308000
Länge	121,10 m	**Vermessung Brutto**	12.358 GT
Breite	21,50 m	**Vermessung Netto**	4.376 NT
Tiefgang	5,25 m	**Tragfähigkeit**	1.940 tdw
Passagiere / Betten	1.630 / 481	**Höchstgeschwindigkeit**	20,5 kn
Fahrzeuge	265 Fahrzeuge	**Frachtkapazität**	515 lm

Hauptmaschinen	4 x B&W-Alpha 16U28LU-VO, Diesel / 12.241 kW
Zusatzantrieb	1 x Diesel / 745 kW + 2 x Diesel / 860 kW
Propeller	2 x Verstellpropeller 10.00
Bugstrahler	2 x Tunnel

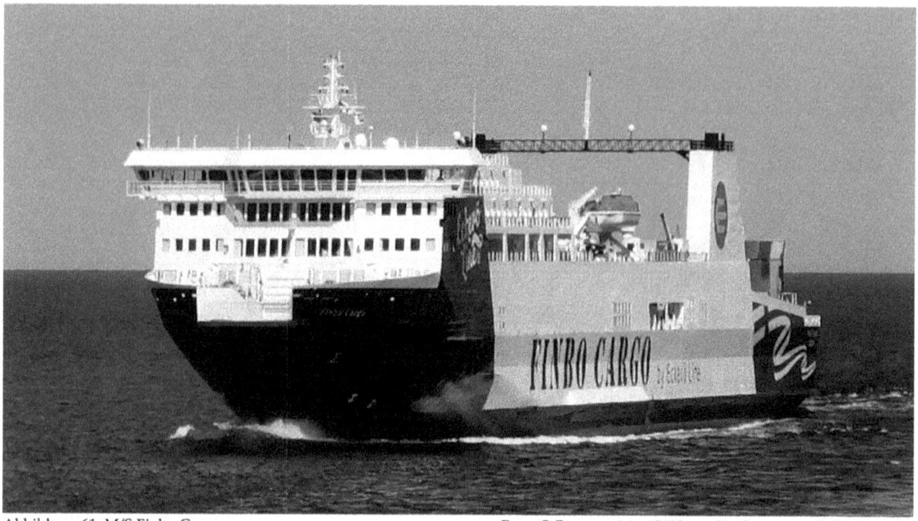

Abbildung 61: M/S Finbo Cargo Foto: © Bartuseviciusj/Wikimedia Commons/CC BY-SA 4.0

Schiffsname M/S Finbo Cargo

Heimathafen / Flaggenstaat	Eckerö / Finnland
Bauwerft / Baunummer	Astilleros Españoles S.A., Sevilla, Spanien / #290
Frühere Schiffsnamen	2000-2006 Midnight Merchant, 2006-2007 El Greco, 2007-2019 European Endeavour
Baujahr	2000

Rufzeichen	OJST	**Klassifizierung**	Lloyd´s Register
IMO-Nummer	9181106	**MMSI-Nummer**	230685000
Länge	179,95 m	**Vermessung Brutto**	22.152 GT
Breite	25,24 m	**Vermessung Netto**	6.645 NT
Tiefgang	6,50 m	**Tragfähigkeit**	7.477 tdw
Passagiere / Betten	366 / 214	**Höchstgeschwindigkeit**	22.5 kn
Fahrzeuge	120 Fahrzeuge	**Frachtkapazität**	2000 lm

Hauptmaschinen	4 x Wärtsilä 9L38, Diesel / 23.760 kW
Zusatzantrieb	2 x Wärtsilä 6L20, Diesel / 1.860 kW
Propeller	2 x Verstellpropeller Wärtsilä-Wichmann
Bugstrahler	2 x Brunvoll, 1.300 kW, Tunnel

Abbildung 62: M/S Finlandia   Foto: © Eckerö Line

Schiffsname   M/S Finlandia

Heimathafen / Flaggenstaat	Eckerö / Finnland
Bauwerft / Baunummer	Daewoo Shipbuilding & Heavy Machinery Ltd., Okpo, Südkorea / #7506
Frühere Schiffsnamen	2001-2012 Moby Freedom, 2012-2012 Freedom
Baujahr	2001

Rufzeichen	OJPP	Klassifizierung	Bureau Veritas
IMO-Nummer	9214379	MMSI-Nummer	230628000
Länge	174,99 m	Vermessung Brutto	36.365 GT
Breite	27,60 m	Vermessung Netto	15.434 NT
Tiefgang	7,00 m	Tragfähigkeit	5.506 tdw
Passagiere / Betten	2.080 / 1.190	Höchstgeschwindigkeit	27 kn
Fahrzeuge	655 Fahrzeuge	Frachtkapazität	1.950 lm

Hauptmaschinen	4 x Wärtsilä 12V46, Diesel / 50.400 kW
Zusatzantrieb	4 x Diesel / 1.408 kW
Propeller	2 x Verstellpropeller 10.00
Bugstrahler	2 x Tunnel

Finnlines gehört zur italienischen Reederei Grimaldi Group und ist eine der größ-ten RoRo-/RoPax-Reedereien in Nordeuropa. Finnlines konzentriert seine Aktivitä-ten auf den Ostseefährverkehr zwischen Deutschland, Finnland, Schweden und Russland. Außer unter der Bezeichnung Finnlines operiert die Reederei unter den Namen FinnLink auf der Route Naantali und Kapellskär, NordöLink zwischen Travemünde-Malmö sowie TransRussiaExpress zwischen Lübeck und St.Peters-burg. Ebenfalls zu Finnlines gehört die Hafenbetreibergesell-schaft Finnsteve für den Frachtservice in den finnischen Häfen Helsinki, Turku und Kotka. [19]

⇌Finnlines
a Grimaldi Group company ⟹

Die Geschichte der Finnlines geht bereits auf das Jahr 1947 zurück, als die Reederei unter dem Namen „Oy Finnlines Ltd." für den regelmäßigen Transport von Zell-stoff und Papier von Finnland in die USA ins Leben gerufen wurde. 1948 erblickte ein anderes Schiffahrtsunternehmen das Licht der Welt – die „Finnland Steamship Co.Ltd.", die ebenfalls auf der Routen Finnland-USA sowie Kanada unterwegs war. Zwischen beiden Unternehmen entwickelte sich eine enge Zusammenarbeit, welche 1975 in der Gründung des gemeinsamen Marketingunternehmens „Oy Finncarriers Ab" mündete. Beide Unternehmen hielten jeweils 50% der Anteile. Finncarriers arbeitete über viele Jahre mit der Lübecker „Poseidon Schifffahrt AG" zusammen, bevor sie 1998 die Poseidon Schiffahrt über Aktientausch in die Finnlines-Gruppe integrierte. Im Zuge der weiteren Expansion wurde 2003 die schwedische „NordöLink AB" übernommen, die bisher im Frachtverkehr zwischen Malmö und Travemünde unterwegs war. Das Jahr 2009 brachte die Umwandlung der NordöLink von einer reinen Frachtreederei in eine gemischte Fracht-/Passagierreederei (RoPax). Durch die Synergieeffekte mit der Grimaldi-Gruppe, die seit 2006 die Aktienmehrheit bei Finnlines besitzt, kann Fracht bis Südeuropa, Nordafrika und Amerika transportiert werden. [20]

Abbildung 63:Verladung im Hafen

Foto: © Finnlines

Abbildung 64: M/S Europalink

Foto: © Finnlines

Schiffsname — M/S Europalink

Heimathafen / Flaggenstaat	Malmö / Schweden
Bauwerft / Baunummer	Fincantieri Cantieri Navali Italiani S.p.A, Castellammare di Stabia, Italien / #6124
Frühere Schiffsnamen	-
Baujahr	2007

Rufzeichen	SHFA	Klassifizierung	DNV-GL
IMO-Nummer	9319454	MMSI-Nummer	266456000
Länge	218,80 m	Vermessung Brutto	46.124 GT
Breite	30,50 m	Vermessung Netto	15.076 NT
Tiefgang	7,10 m	Tragfähigkeit	8.757 tdw
Passagiere / Betten	554 / 500	Höchstgeschwindigkeit	22.0 kn
Fahrzeuge	144 LKW	Frachtkapazität	4.200 lm

Hauptmaschinen	4 x Wärtsilä 9L46D, Diesel / 41.580 kW
Propeller	2 x Verstellpropeller
Bugstrahler	2 x 2000 kW, Tunnel

Abbildung 65: M/S Finnclipper

Foto: © MaxofSweden/Wikimedia Commons/CC BY 3.0

Schiffsname	M/S Finnclipper

Heimathafen / Flaggenstaat	Malmö / Schweden
Bauwerft / Baunummer	Astilleros Españoles, Puerto Real, Spain / #78
Frühere Schiffsnamen	-
Baujahr	1999

Rufzeichen	SFZO	Klassifizierung	RINA
IMO-Nummer	9137997	MMSI-Nummer	266192000
Länge	188,30 m	Vermessung Brutto	33.958 GT
Breite	29,54 m	Vermessung Netto	10.214 NT
Tiefgang	6,30 m	Tragfähigkeit	7.823 tdw
Passagiere / Kabinen	440 / 191	Höchstgeschwindigkeit	22.1 kn
Fahrzeuge	Ohne Angabe	Frachtkapazität	3.118 lm

Hauptmaschinen	4 x Sulzer 8ZAL40S, Diesel / 23.040 kW
Zusatzantrieb	3 x Diesel, 3.480 kW
Propeller	2 x Verstellpropeller
Bugstrahler	2 x Tunnel

Abbildung 66: M/S Finnfellow · Foto: © Johan Fredriksson/Wikimedia Commons/ CC BY 3.0

Schiffsname	M/S Finnfellow	

Heimathafen / Flaggenstaat	Helsinki / Finnland
Bauwerft / Baunummer	Astilleros Españoles, Puerto Real, Spain / #80
Frühere Schiffsnamen	2000 - 2003 Stena Britannica
Baujahr	1999

Rufzeichen	OJQC	Klassifizierung	RINA
IMO-Nummer	9145164	MMSI-Nummer	230637000
Länge	188,30 m	Vermessung Brutto	33.958 GT
Breite	29,54 m	Vermessung Netto	10.214 NT
Tiefgang	6,30 m	Tragfähigkeit	7.823 tdw
Passagiere / Kabinen	395 / 186	Höchstgeschwindigkeit	22,1 kn
Fahrzeuge	Ohne Angabe	Frachtkapazität	3.118 lm

Hauptmaschinen	4 x Sulzer 8ZAL40S, Diesel / 23.040 kW
Zusatzantrieb	3 x Diesel, 3.480 kW
Propeller	2 x Verstellpropeller
Bugstrahler	2 x Tunnel

Abbildung 67: M/S Finnlady   Foto: © Finnlines

Schiffsname	M/S Finnlady

Heimathafen / Flaggenstaat	Helsinki / Finnland
Bauwerft / Baunummer	Fincantieri Cantieri Navali, Ancona, Italien / #6133
Frühere Schiffsnamen	2006-2007 Europalink (bis zur Auslieferung)
Baujahr	2007

Rufzeichen	OJMQ	Klassifizierung	DNV-GL
IMO-Nummer	9336268	MMSI-Nummer	230987000
Länge	218,719 m	Vermessung Brutto	45.923 GT
Breite	30,52 m	Vermessung Netto	24.006 NT
Tiefgang	7,10 m	Tragfähigkeit	9.653 tdw
Passagiere / Kabinen	500 / 201	Höchstgeschwindigkeit	25 kn
Fahrzeuge	Ohne Angabe	Frachtkapazität	4.200 lm

Hauptmaschinen	4 x Wärtsilä 9R64, Diesel / 41.580 kW
Zusatzantrieb	3 x Wärtsilä 6L20, Diesel
Propeller	2 x Verstellpropeller, Rolls-Royce 179XF5/4D-S/CSL/W
Bugstrahler	2 x Rolls-Royce TT 2650 ICE CP, Tunnel

Abbildung 68: M/S Finnmaid   Foto: © Undrzej Otrębski/WikimediaCommons CC-BY-SA-3.0

Schiffsname	M/S Finnmaid	

Heimathafen / Flaggenstaat	Helsinki / Finnland
Bauwerft / Baunummer	Fincantieri Cantieri Navali,Castellamare,Italien/#6125
Frühere Schiffsnamen	-
Baujahr	2006

Rufzeichen	OJMI	Klassifizierung	DNV-GL
IMO-Nummer	9319466	MMSI-Nummer	230982000
Länge	218,719 m	Vermessung Brutto	45.923 GT
Breite	30,52 m	Vermessung Netto	24.006 NT
Tiefgang	7,10 m	Tragfähigkeit	9.653 tdw
Passagiere / Kabinen	500 / 201	Höchstgeschwindigkeit	25 kn
Fahrzeuge	Ohne Angabe	Frachtkapazität	4.200 lm

Hauptmaschinen	4 x Wärtsilä 9R64, Diesel / 41.580 kW
Zusatzantrieb	3 x Wärtsilä 6L20, Diesel
Propeller	2 x Verstellpropeller, Rolls-Royce 179XF5/4D-S/CSL/W
Bugstrahler	2 x Rolls-Royce TT 2650 ICE CP, Tunnel

Abbildung 69: M/S Finnpartner

Foto: © Finnlines

Schiffsname	M/S Finnpartner

Heimathafen / Flaggenstaat	Malmö / Schweden
Bauwerft / Baunummer	Stocznia Gdanska S.A., Gdansk, Polen / # B501/02
Frühere Schiffsnamen	-
Baujahr	1994

Rufzeichen	SKIH	Klassifizierung	DNV-GL
IMO-Nummer	9010163	MMSI-Nummer	266262000
Länge	183,00 m	Vermessung Brutto	32.534 GT
Breite	29,10 m	Vermessung Netto	9.761 NT
Tiefgang	7,416 m	Tragfähigkeit	11.600 tdw
Passagiere / Kabinen	270 / 184	Höchstgeschwindigkeit	21,3 kn
Fahrzeuge	Ohne Angabe	Frachtkapazität	3.052 lm

Hauptmaschinen	4 × Zgoda-Sulzer 8ZA40S, Diesel / 23.040 kW
Zusatzantrieb	1 x Wärtsilä 4L20, 1 x Wärtsilä 8R 22HF, 1 x Wärtsilä 6R 22HF
Propeller	2 x Verstellpropeller, Ulstein
Bugstrahler	2 x Ulstein 90 TV-A, 2 x Heckstrahler Ulstein 375 TV-C

Abbildung 70: M/S Finnstar   Foto: © Finnlines

Schiffsname   M/S Finnstar   🇫🇮

Heimathafen / Flaggenstaat	Helsinki / Finnland
Bauwerft / Baunummer	Fincantieri Cantieri Navali, Castellamare, Italien / #6123
Frühere Schiffsnamen	-
Baujahr	2006

Rufzeichen	OJMH	**Klassifizierung**	DNV-GL
IMO-Nummer	9319442	**MMSI-Nummer**	230981000
Länge	218,719 m	**Vermessung Brutto**	45.923 GT
Breite	30,52 m	**Vermessung Netto**	24.006 NT
Tiefgang	7,10 m	**Tragfähigkeit**	9.653 tdw
Passagiere / Kabinen	500 / 201	**Höchstgeschwindigkeit**	25 kn
Fahrzeuge	Ohne Angabe	**Frachtkapazität**	4.200 lm

Hauptmaschinen	4 x Wärtsilä 9R64, Diesel / 41.580 kW
Zusatzantrieb	3 x Wärtsilä 6L20, Diesel
Propeller	2 x Verstellpropeller, Rolls-Royce 179XF5/4D-S/CSL/W
Bugstrahler	2 x Rolls-Royce TT 2650 ICE CP, Tunnel

Abbildung 72: M/S Finnswan (hier noch als M/S Nordlink)   Foto: © Joeran/WikimediaCommons/CC-BY-SA-3.0

Schiffsname   M/S Finnswan

Heimathafen / Flaggenstaat	Mariehamn / Finnland
Bauwerft / Baunummer	Fincantieri Cantieri Navali, Ancona, Italien / #6134
Frühere Schiffsnamen	2007-2018 Nordlink
Baujahr	2007

Rufzeichen	OJSF	Klassifizierung	DNV-GL
IMO-Nummer	9336256	MMSI-Nummer	266252000
Länge	218,79 m	Vermessung Brutto	45.923 GT
Breite	30,50 m	Vermessung Netto	24.006 NT
Tiefgang	7,10 m	Tragfähigkeit	9.653 tdw
Passagiere / Kabinen	500 / 201	Höchstgeschwindigkeit	25 kn
Fahrzeuge	Ohne Angabe	Frachtkapazität	4.200 lm

Hauptmaschinen	4 x Wärtsilä 9L46, Diesel / 41.580 kW
Zusatzantrieb	3 x Wärtsilä 6L20, Diesel
Propeller	2 x Verstellpropeller, Rolls-Royce 179XF5/4D-S/CSL/W
Bugstrahler	2 x Rolls-Royce TT 2650 ICE CP, Tunnel

Abbildung 71: M/S Finntrader

Foto: © Finnlines

Schiffsname M/S Finntrader ✚

Heimathafen / Flaggenstaat	Malmö / Schweden
Bauwerft / Baunummer	Stocznia Gdanska S.A., Gdansk, Polen / # B501/04
Frühere Schiffsnamen	-
Baujahr	1995

Rufzeichen	SKIJ	Klassifizierung	DNV-GL
IMO-Nummer	9017769	MMSI-Nummer	266239000
Länge	183,00 m	Vermessung Brutto	32.534 GT
Breite	29,10 m	Vermessung Netto	9.761 NT
Tiefgang	7,416 m	Tragfähigkeit	11.600 tdw
Passagiere / Kabinen	270 / 184	Höchstgeschwindigkeit	21,3 kn
Fahrzeuge	Ohne Angabe	Frachtkapazität	3.052 lm

Hauptmaschinen	4 × Zgoda-Sulzer 8ZA40S, Diesel / 23.040 kW
Zusatzantrieb	1 x Wärtsilä 4L20, 1 x Wärtsilä 8R 22HF, 1 x Wärtsilä 6R 22HF
Propeller	2 x Verstellpropeller, Ulstein
Bugstrahler	2 x Ulstein 90 TV-A, 2 x Heckstrahler Ulstein 375 TV-C

Fjord Line wurde 1993 als Tochtergesellschaft der Rutelaget Askøy-Bergen AS mit Hauptsitz in Bergen gegründet, um den Fährverkehr nach Dänemark aufzunehmen.Rutelaget Askøy-Bergen wurde 1950 für den lokalen Fährbetrieb zwischen der Insel Askøy und Bergen gegründet. Darüber hinaus unterhielt Rutelaget eine Fährverbindung zwischen Stavanger und Bergen sowie im Bokna- fjord. 1992 kam eine neue Fährverbindung zwischen Bergen und Egersund sowie Hanstholm in Dänemark hinzu. Am 1. Januar 1995 fusionierten die dänische Reederei Fred.Olsen und die norwegische Fjord Line unter der Federführung von Fjord Line. Die gemeinsame Gesellschaft wurde von nun an unter dem Namen Fjord Line AS weitergeführt. Im Herbst 1998 übernahm Fjord Line von Color Line die Fährverbindung zwischen Bergen, Haugesund und Stavanger, welche in den achtziger Jahren bereits von Fred.Olsen bedient worden war.2007 fusionierte Fjord Line mit der norwegischen Reederei Master Ferries mit Sitz in Kristiansand, Norwegen. Die neue Gesellschaft trug weiterhin den Namen Fjord Line. Mit Beginn des Jahres 2009 wurden die traditionellen Ziele Egersund und Hanstholm nicht mehr angelaufen, jedoch mit der M/S Bergensfjord die Fährverbindung zwischen Hirtshals, Stavanger und Bergen wiederbelebt. Seit April 2010 verkehren die Fjord Line – Fähren auch wieder regelmäßig zwischen Dänemark und Norwegen. Mit Indienststellung der neuen M/S Bergensfjord wurde die ehemalige M/S Bergensfjord aus dem Verkehr genommen und zu umfangreichen Umbau- und Modernisierungsmaßnahmen in die Werft gebracht. Unter dem neuen Namen M/S Oslofjord ist sie seit Juni 2014 auf der Route Sandefjord (Norwegen) und Strömstad (Schweden) im Einsatz. [21]

Abbildung 73: M/S Stavangerfjord

Foto: © Fjord Line/Espen Gees

Abbildung 74: M/S Bergensfjord   Foto: © Fjord Line/Espen Gees

Schiffsname   M/S Bergensfjord   ✚

Heimathafen / Flaggenstaat	Hirtshals / Dänemark
Bauwerft / Baunummer	Stocznia Gdansk S.A., Gdansk, Polen / #88
Frühere Schiffsnamen	-
Baujahr	2014

Rufzeichen	OYPJ2	**Klassifizierung**	DNV-GL
IMO-Nummer	9586617	**MMSI-Nummer**	219348000
Länge	170,00 m	**Vermessung Brutto**	31.678 GT
Breite	27.,50 m	**Vermessung Netto**	14.270 NT
Tiefgang	6,35 m	**Tragfähigkeit**	3.900 tdw
Passagiere / Kabinen	1.500 / 306	**Höchstgeschwindigkeit**	21,5 kn
Fahrzeuge	600 Fahrzeuge	**Frachtkapazität**	3.900 t

Hauptmaschinen	4 x Bergen Engines B35:40V12PG, Diesel / jeweils 5.600 kW
Zusatzantrieb	2 x MAN 6L21/31, 1 x MAN 7L21/31 / 19.040 kW
Propeller	2 x Verstellpropeller Rolls-Royce 111 A/4 D-ICE/B
Bugstrahler	2 x Rolls-Royce TT 2400 AUX FP

Abbildung 75: M/S Oslofjord   Foto: © Fjord Line A/S

Schiffsname	M/S Oslofjord	➕

Heimathafen / Flaggenstaat	Hirtshals / Dänemark
Bauwerft / Baunummer	Fosen Mekaniske Verksteder, Rissa, Norwegen / #52
Frühere Schiffsnamen	1993-2003 Bergen, 2003-2005 Duchess of Scandinavia, 2005-2008 Atlantic Traveller, 2008-2014 Bergensfjord
Baujahr	1993

Rufzeichen	OUZI 2	Klassifizierung	DNV-GL
IMO-Nummer	9058995	MMSI-Nummer	219002929
Länge	134,40 m	Vermessung Brutto	16.794 GT
Breite	24,0 m	Vermessung Netto	6.082 NT
Tiefgang	5,70 m	Tragfähigkeit	3.200 tdw
Passagiere	1.800	Höchstgeschwindigkeit	19,0 kn
Fahrzeuge	370 Fahrzeuge	Frachtkapazität	720 lm

Hauptmaschinen	2 x Wärtsilä-Sulzer 8ZA40S, Diesel / 11.520 kW
Zusatzantrieb	3 x Mitsubishi S6R2, Diesel
Propeller	2 x Wichmann-Verstellpropeller
Bugstrahler	2 x Brunvoll FU 80 LTC 2250, Tunnel

Abbildung 76: M/S Stavangerfjord
Foto: © EHRENBERG Kommunikation / Wikimedia Commons CC-BY-SA-2.0

Schiffsname	M/S Stavangerfjord	

Heimathafen / Flaggenstaat	Hirtshals / Dänemark
Bauwerft / Baunummer	Stocznia Gdansk S.A., Gdansk, Polen / #87
Frühere Schiffsnamen	-
Baujahr	2013

Rufzeichen	OYOW2	Klassifizierung	DNV-GL
IMO-Nummer	9586605	MMSI-Nummer	219347000
Länge	170,00 m	Vermessung Brutto	31.678 GT
Breite	27,50 m	Vermessung Netto	14.270 NT
Tiefgang	6,35 m	Tragfähigkeit	3.900 tdw
Passagiere / Kabinen	1.500 / 306	Höchstgeschwindigkeit	21,5 kn
Fahrzeuge	600 Fahrzeuge	Frachtkapazität	3.900 t

Hauptmaschinen	4 x Bergen Engines B35:40V12PG, Diesel / jeweils 5.600 kW
Zusatzantrieb	2 x MAN 6L21/31, 1 x MAN 7L21/31 / 19.040 kW
Propeller	2 x Verstellpropeller Rolls-Royce 111 A/4 D-ICE/B
Bugstrahler	2 x Rolls-Royce TT 2400 AUX FP

Die FORSEA AB ist eine vom auf europäische Infrastruktur spezialisierten Investmentfond EDIF (First State European Diversified Infrastructure Fund) gegründete Fährgesellschaft. Sie entstand durch eine Konsolidierung der vorherigen HH-Ferries unter Führung von Scandlines im Jahre 2015 als HH Ferries/ForSea sowie der anschließenden Umbenennung in Forsea Ferries AB zum Ende des Jahres 2018.

HH-Ferries betrieb die Fährverbindung vom schwedischen Helsingborg ins gegenüberliegende dänische Helsingör von 2009 bis 2015. Die heute unter der Flagge von ForSea verkehrenden Fähren waren bereits für HH-Ferries im Einsatz und erhielten nach dem teilweisen Umbau der Antriebsanlage lediglich eine neue Farbgebung. Die bestehenden Namen der Schiffe wurden beibehalten.

Die Fährverbindung zwischen Helsingborg und Helsingör blickt bereits auf eine lange Geschichte zurück. Schon 1847 weihte die dänische Reederei Helsingörs Dampskibs-Selskab die Schifffahrtslinie zwischen den beiden skandinavischen Häfen ein, 1855 nahm auf schwedischer Seite die Helsingborgs Ångfartygsbolag den Verkehr auf. Zehn Jahre später schlossen sich beide Gesellschaften zu einer gemeinsamen Reederei zusammen. Das Gemeinschaftsunternehmen wurde im Jahre 1874 von der dänischen DFDS übernommen und ging 1888 in die Hände der dänschen Staatsbahn DSB über. Doch damit war die bewegte Geschichte der Fährverbindung Helsingör-Helsingborg nicht beendet. Nach einer wechselhaften Periode mit konkurrierenden schwedischen Verkehrsunternehmen entstand 1990 durch Zusammenschluss die Scandline, später in Scandlines umbenannt.

2015 wurde bekannt gegeben, dass die Aktivitäten auf der Strecke Helsingborg - Helsingör vom Europäischen Fonds für diversifizierte Infrastruktur (EDIF) übernommen wurden. Der EDIF wurde auch Mehrheitseigner der dänisch-deutschen Fährgesellschaft Scandlines. Im selben Jahr führte der EDIF eine Geschäftskonsolidierung für die Fährverbindung Helsingborg-Helsingör unter der Bezeichnung HH Ferries Group durch und änderte Ende 2018 den Namen in ForSea Ferries. Gleichzeitig wurde eine Markentrennung von Scandlines durchgeführt. Damit war eine neue Fährline geboren: die ForSea. [22]

Abbildung 77: M/S Aurora af Helsingborg   Foto: © ForSea

Schiffsname	M/S Aurora af Helsingborg

Heimathafen / Flaggenstaat	Helsingborg / Schweden
Bauwerft / Baunummer	Tangen Verft A/S, Kragerö, Norwegen / #100 / Langsten Slip & Båtbyggeri A/S, Tomrefjorden, Norwegen / #157
Frühere Schiffsnamen	-
Baujahr	1992

Rufzeichen	SCQX	**Klassifizierung**	Lloyd´s Register
IMO-Nummer	9007128	**MMSI-Nummer**	265041000
Länge	111,20 m	**Vermessung Brutto**	10.918 GT
Breite	27,60 m	**Vermessung Netto**	3.275 NT
Tiefgang	5,70 m	**Tragfähigkeit**	2.547 tdw
Passagiere	1.250	**Höchstgeschwindigkeit**	14 kn
Fahrzeuge	240 Fahrzeuge	**Frachtkapazität**	539 lm

Hauptmaschinen	4 x Wärtsilä 6R32E, 9.840 kW, Diesel / alternativ Elektroantrieb (batteriebetrieben) 9.760 kW
Propeller	4 x Propellergondeln, schwenkbar
Bugstrahler	Keine, Funktion von Propellergondeln übernommen

Abbildung 78: M/S Hamlet   Foto: © ForSea

| Schiffsname | M/S Hamlet | ✚ |

Heimathafen / Flaggenstaat	Helsingør / Dänemark
Bauwerft / Baunummer	Finnyards, Rauma, Finnland / #412
Frühere Schiffsnamen	-
Baujahr	1997

Rufzeichen	OZMH2	Klassifizierung	Lloyd's Register
IMO-Nummer	9150030	MMSI-Nummer	219622000
Länge	111,20 m	Vermessung Brutto	10.067 GT
Breite	27,60 m	Vermessung Netto	3.020 NT
Tiefgang	5,50 m	Tragfähigkeit	2.864 tdw
Passagiere	1.000	Höchstgeschwindigkeit	13,5 kn
Fahrzeuge	240 Fahrzeuge	Frachtkapazität	553 lm

Hauptmaschinen	4 x Wärtsilä WDV 9L20, Diesel / 7.590 kW
Zusatzantrieb	Ohne Angabe
Propeller	4 x Propellergondeln, schwenkbar
Bugstrahler	Keine, Funktion von Propellergondeln übernommen

Abbildung 79: M/S Tycho Brahe — Foto: © New Öresund-Johan Wessmann / CC BY 3.0

Schiffsname — M/S Tycho Brahe

Heimathafen / Flaggenstaat	Helsingør / Dänemark
Bauwerft / Baunummer	Tangen Verft A/S, Kragerö, Norwegen / #99 / Langsten Slip & Båtbyggeri A/S, Tomrefjorden, Norwegen / #156
Frühere Schiffsnamen	-
Baujahr	1991

Rufzeichen	OVIC2	**Klassifizierung**	Lloyd´s Register
IMO-Nummer	9007116	**MMSI-Nummer**	219230000
Länge	111,20 m	**Vermessung Brutto**	11.148 GT
Breite	27,60 m	**Vermessung Netto**	3.253 NT
Tiefgang	5,50 m	**Tragfähigkeit**	2.500 tdw
Passagiere	1.250	**Höchstgeschwindigkeit**	13,5 kn
Fahrzeuge	240 Fahrzeuge	**Frachtkapazität**	539 lm

Hauptmaschinen	4 x Wärtsilä 6R32E, 9.840 kW, Diesel / alternativ Elektroantrieb (batteriebetrieben) 9.760 kW
Propeller	4 x Propellergondeln, schwenkbar
Bugstrahler	Keine, Funktion von Propellergondeln übernommen

FRS – Das Kürzel steht für die Förde-Reederei-Seetouristik, eine international weit verzweigte Firmengruppe, welche in den vergangenen Jahren ein beeindruckendes Wachstum hinlegte. Die Vorgängergesellschaft des traditionsreichen Unternehmens wurde bereits im Jahre 1866 als Flensburg-Ekensunder Dampfschiffgesellschaft (FEDG) gegründet. 1935 erfolgte die Gründung der Förde-Reederei GmbH als direkter Nachfolger der FEDG. Nach den langen, entbehrungsreichen Jahren des Zweiten Weltkrieges und den darauf folgenden Jahren des Wiederaufbaus wurde im Jahre 1958 die KG Seetouristik (heute Seetourisik Beteiligungs GmbH) ins Leben gerufen. 1979 war die Zeit für Expansion gekommen und die Rømø-Sylt Linie wurde durch die Förde-Reederei GmbH übernommen. Damit war man auch in der Lage, den stark zunehmenden Touristenverkehr vom Festland nach Sylt abzudecken. Darauf folgte die Ausweitung des Touristengeschäftes mit dem Kauf der „Wappen von Hamburg" für den Verkehr zwischen Hamburg und Helgoland. Die unter ihrem noch heute bestehenden Kürzel FRS (Förde Reederei Seetouristik GmbH & Co. KG) Gesellschaft wurde als Joint Venture 1991 aus der Taufe gehoben. Das erfolgreiche Jahr 1991 wurde mit der Übernahme der Reederei der früheren DDR, Weisse Flotte, abgeschlossen. 1998 wurden die Rømø-Sylt Linie GmbH & Co. KG und FRS Helgoline GmbH & Co. KG in die FRS Gruppe integriert. Die weltweite Expansion begann mit der Gründung der FRS Iberia S.L.U. (Spanien) und der FRS Maroc S.A.R.L.A.U. (Marokko). Weitere Meilensteine in der Expansion der FRS-Gruppe wurden 2016 der Kauf der Clipper Navigation, Inc. in Nordamerika und die Eröffnung der Route zwischen Miami (USA) und Bimini (Bahamas) unter der Marke FRS Caribbean. Das Jahr 2018 brachte die Eröffnung der Fernverbindung zwischen dem spanischen Festland und den Kanarischen Inseln unter der Marke FRS Iberia. Die Epansion setzte sich dann 2020 mit der Gründung der FRS Baltic – Fährlinie auf der sogenannten „Königslinie" fort, um den Verkehr zwischen Sassnitz (Deutschland) und Schweden neu zu beleben. Im Zuge des Corporate Rebrandings erfolgte die Umbenennung der Förde Reederei Seetouristik GmbH & Co. KG in FRS GmbH & Co. KG [23].

Abbildung 80: HSC Skane Jet   Foto: © FRS Baltic GmbH

Schiffsname — HSC Skane Jet

Heimathafen / Flaggenstaat	Limassol / Zypern
Bauwerft / Baunummer	InCat Australia Pty Ltd, Hobart, Australien / #049
Frühere Schiffsnamen	1998-1999 Cat Link V,1999-2005, 2006 Mads Mols, 2005-2006 Incat 049, 2006-2008 Master Cat, 2008-2020 Fjord Cat
Baujahr	1998

Rufzeichen	5BPF5	**Klassifizierung**	DNV-GL
IMO-Nummer	9176060	**MMSI-Nummer**	210052000
Länge	91,30 m	**Vermessung Brutto**	5.619 GT
Breite	26,00 m	**Vermessung Netto**	2.314 NT
Tiefgang	3.70 m	**Tragfähigkeit**	500 tdw
Passagiere	686	**Höchstgeschwindigkeit**	48,2 kn
Fahrzeuge	240 Fahrzeuge	**Frachtkapazität**	Keine Fracht

Hauptmaschinen	4 × Ruston 20RK 270M MKII, Diesel, jeweils 7.082 kW
Zusatzantrieb	4 x Caterpillar, Diesel, jeweils 1.028 kW
Propeller	4 x Waterjet

HURTIGRUTEN

NORDISHAVET

Barentshavet

Båtsfjord
Berlevåg
Kongsfjord
Vardø
Gamvik
Mehamn
Kjøllefjord
Vadsø
Murmansk
Мурманск
Honningsvåg
Kirkenes
Havøysund

RUSSLAND

Hammerfest

Hasvik
Øksfjord

Skjervøy

FINLAND

Tromsø

Finnsnes

Harstad
Risøyhamn
Sortland
Narvik
Stokmarknes
Melbu
Lødingen
Svolvær
Stamsund

Botteh-
viken

Bodø
Ørnes

Grønnøy
Indre Kvarøy
Nesna
Sandnessjøen
SVERIGE

Brønnøysund

Rørvik

Norske-
havet

Trondheim

Kristiansund

Molde

Ålesund
Torvik
Geiranger
(kun sommmøte)

Måløy
NORGE
Florø
Oslo

Bergen

Nordsjøen

Haugesund

Stavanger
Skagerrak
Nåværende anløp
Tidligere anløp
DK

Abbildung 81: © Sardon/Aldebaran/Wiki Commons/CC-BY-SA-3.0

Ende des 19.Jahrhunderts hatte die norwegische Regierung die Absicht, den südlichen und den nördlichen Landesteil miteinander zu verbinden. Kapitän Richard With und Andreas Holthe nahmen die Herausforderung an, die norwegische Küste zu kartografieren. Kapitän Richard With etablierte im Jahr 1893 einen regulären Service mehrmals in der Woche mit der „Vesteraalen", zuerst zwischen Trondheim und Hammerfest und später auch zwischen Bergen und Kirkenes. Wegen der damals sehr kurzen Reisezeit von 7 Tagen nannte er selbst die Route „die schnelle Route", auf Norwegisch „Hurtigruten". Während des Zweiten Weltkrieges wurden verschiedene Hurtigrutenschiffe von der norwegischen Regierung für Transportaufgaben eingesetzt. Dabei gingen durch Kriegseinwirkung 9 der 15 eingesetzten Schiffe verloren. Somit hatte 1945 der Wiederaufbau der Hurtigrutenlinie oberste Priorität. In den Folgejahren wurden ausschlißlich Schiffe mit Dieselantrieb in Dienst gestellt. Damit war endgültig die Ära der Dampfschiffe beendet. Hurtigruten deckte nun wieder den Verkehr von Bergen bis Kirkenes mit 11 Schiffen ab. Zwischen 1993 und 2003 wurden 9 der 11 Schiffe ersetzt. 2006 schlossen sich OVDS und TFDS Hurtigruten zur heutigen Hurtigruten ASA zusammen. [23]

Abbildung 82: M/S Finnmarken   Foto: © Aldebaran / Wikimedia Commons CC-BY-SA-3.0

Schiffsname   M/S Finnmarken   ✚

Heimathafen / Flaggenstaat	Tromsø / Norwegen
Bauwerft / Baunummer	Kleven Verft A/S, Ulsteinvik, Norwegen / #292
Frühere Schiffsnamen	-
Baujahr	2002

Rufzeichen	LDBE	**Klassifizierung**	DNV-GL
IMO-Nummer	9231951	**MMSI-Nummer**	259210000
Länge	138,50 m	**Vermessung Brutto**	15.690 GT
Breite	21,50 m	**Vermessung Netto**	6.113 NT
Tiefgang	4,80 m	**Tragfähigkeit**	945 tdw
Passagiere / Kabinen	1.000 / 283	**Höchstgeschwindigkeit**	19 kn
Fahrzeuge	47 Fahrzeuge	**Frachtkapazität**	Ohne Angabe

Hauptmaschinen	2 x Wärtsilä 9L32, Diesel / jeweils 4.140 kW
Zusatzantrieb	2 x Wärtsilä 6L32, Diesel / jeweils 2.760 kW
Propeller	2 x Verstellpropeller, Wärtsilä Propulsion
Bugstrahler	2 x Brunvoll FU80LTC 2250, Tunnel / jeweils 1.000 kW 1 x Heckstrahler 360°Azimuth (Propac) / 1.200 kW

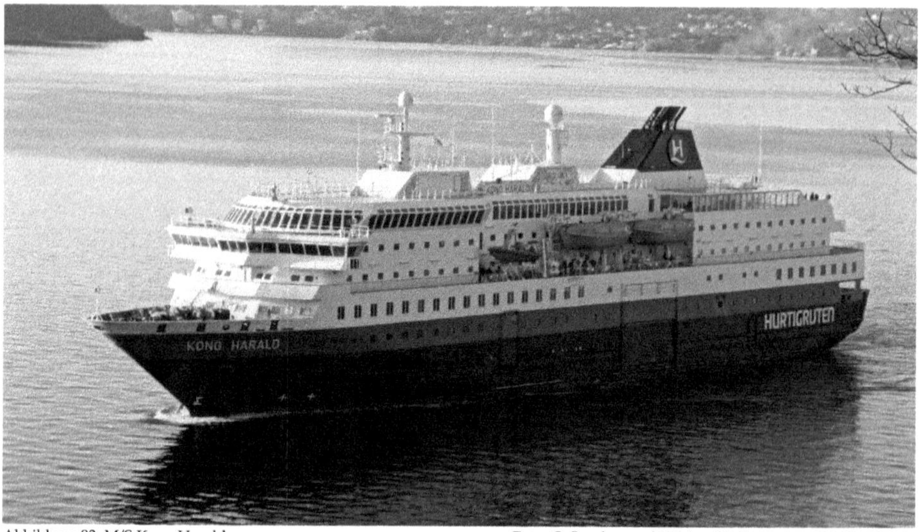

Abbildung 83: M/S Kong Harald Foto: © Ove.lampe / Wikimedia Commons CC-BY-SA-3.0

Schiffsname M/S Kong Harald

Heimathafen / Flaggenstaat	Tromsø / Norwegen
Bauwerft / Baunummer	Volkswerft GmbH, Stralsund, Deutschland / #101
Frühere Schiffsnamen	-
Baujahr	1993

Rufzeichen	LGIY	**Klassifizierung**	DNV-GL
IMO-Nummer	9039119	**MMSI-Nummer**	257200000
Länge	121,80 m	**Vermessung Brutto**	11.204 GT
Breite	23,40 m	**Vermessung Netto**	4.153 NT
Tiefgang	4,70 m	**Tragfähigkeit**	902 tdw
Passagiere / Betten	622 / 474	**Höchstgeschwindigkeit**	18 kn
Fahrzeuge	45 Fahrzeuge	**Frachtkapazität**	1.500 m^3

Hauptmaschinen	2 x MAK 6M552C, Diesel / jeweils 4.500 kW
Zusatzantrieb	2 x BMV KRG-8, Diesel
Propeller	2 x Verstellpropeller KaMeWa 94XF3/4
Bugstrahler	2 x Brunvoll FU63LTC, Tunnel / 1 x Heckstrahler Ulstein TCNS 73/50 (COMPASS)

Abbildung 84: M/S Lofoten

Schiffsname — M/S Lofoten

Heimathafen / Flaggenstaat	Tromsø / Norwegen
Bauwerft / Baunummer	Akers Mekaniske Verksted, Oslo, Norwegen / #547
Frühere Schiffsnamen	-
Baujahr	1964

Rufzeichen	LIXN	Klassifizierung	DNV-GL
IMO-Nummer	5424562	MMSI-Nummer	258477000
Länge	87,41 m	Vermessung Brutto	2.621 GT
Breite	13,28 m	Vermessung Netto	1.099 NT
Tiefgang	4,622 m	Tragfähigkeit	671 tdw
Passagiere / Betten	410 / 184	Höchstgeschwindigkeit	16 kn
Fahrzeuge	Ohne Angabe	Frachtkapazität	Ohne Angabe

Hauptmaschinen	1 x B &W DM 742 VT2BF.90, Diesel / 2.480 kW
Zusatzantrieb	1 x Volvo Penta D30A-MT / 2 x BMV RTGB-3, Diesel
Propeller	2 x Verstellpropeller A.M. Liaaen
Bugstrahler	Ohne Angabe

Abbildung 85: M/S Midnatsol   Foto: © Dr. Christa Imkamp/Hurtigruten ASA

Schiffsname   M/S Midnatsol

Heimathafen / Flaggenstaat	Tromsø / Norwegen
Bauwerft / Baunummer	Fosen Mekaniske Verksteder, Rissa, Norwegen / #73
Frühere Schiffsnamen	-
Baujahr	2003

Rufzeichen	LMDH	Klassifizierung	DNV-GL
IMO-Nummer	9247728	MMSI-Nummer	258595000
Länge	135,75 m	Vermessung Brutto	16.151 GT
Breite	21,50 m	Vermessung Netto	6.353 NT
Tiefgang	5,10 m	Tragfähigkeit	1.184 tdw
Passagiere / Kabinen	1.000 / 302	Höchstgeschwindigkeit	18,5 kn
Fahrzeuge	45 Fahrzeuge	Frachtkapazität	Keine Angabe

Hauptmaschinen	2 x Wärtsilä 9L32, Diesel / 8.280 kW
Zusatzantrieb	2 x Caterpillar 3516 B DITA, Diesel
Propeller	2 x Pods (Propellergondeln) Rolls-Royce Contaz 35
Bugstrahler	2 x Brunvoll FU80 LTC 2250 / jeweils 1.200 kW 1 x Brunvoll FU63 LTC 1750 / 900 kW

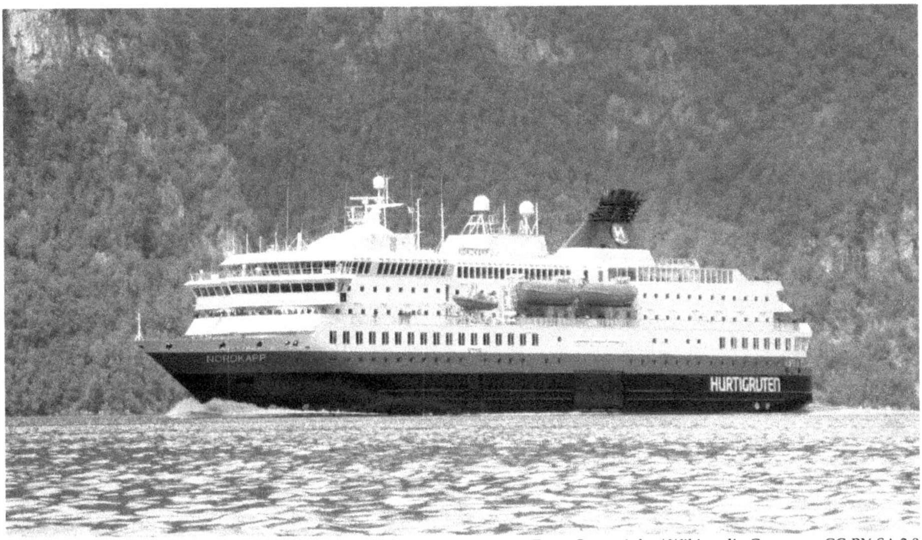

Abbildung 86: M/S Nordkapp

Foto: © m.prinke / Wikimedia Commons CC-BY-SA 2.0

Schiffsname M/S Nordkapp

Heimathafen / Flaggenstaat Tromsø / Norwegen

Bauwerft / Baunummer Kværner Kleven Ulstein A/S,Ulstein,Norwegen/ #265

Frühere Schiffsnamen -

Baujahr 1996

Rufzeichen	LASQ	**Klassifizierung**	DNV-GL
IMO-Nummer	9107772	**MMSI-Nummer**	259330000
Länge	123,30 m	**Vermessung Brutto**	11.386 GT
Breite	19,50 m	**Vermessung Netto**	4.210 NT
Tiefgang	4,70 m	**Tragfähigkeit**	1.104 tdw
Passagiere / Kabinen	691 / 218	**Höchstgeschwindigkeit**	19 kn
Fahrzeuge	45 Fahrzeuge	**Frachtkapazität**	Ohne Angabe

Hauptmaschinen 2 x Krupp MAK 6M552C, Diesel / jeweils 4.500 kW

Zusatzantrieb 2 x Ulstein KRG-8, Diesel / jeweils 1.265 kW

Propeller 2 x Verstellpropeller KaMeWa 94XF3/4

Bugstrahler 2 x Brunvoll FU45LTC1375, Tunnel / jeweils 790 kW

Abbildung 87: M/S Nordlys   Foto: © Aldebaran / Wikimedia Commons CC BY-SA 3.0

Schiffsname	M/S Nordlys	

Heimathafen / Flaggenstaat	Tromsø / Norwegen
Bauwerft / Baunummer	Volkswerft GmbH, Stralsund, Deutschland / #102
Frühere Schiffsnamen	-
Baujahr	1994

Rufzeichen	LHCW	**Klassifizierung**	DNV-GL
IMO-Nummer	9048914	**MMSI-Nummer**	259139000
Länge	121,80 m	**Vermessung Brutto**	11.204 GT
Breite	23,783 m	**Vermessung Netto**	4.153 NT
Tiefgang	4,70 m	**Tragfähigkeit**	850 tdw
Passagiere / Betten	622 / 469	**Höchstgeschwindigkeit**	18 kn
Fahrzeuge	45 Fahrzeuge	**Frachtkapazität**	3 Frachträume mit 791 m³

Hauptmaschinen	2 x MAK 6M552C, Diesel / jeweils 4.500 kW
Zusatzantrieb	2 x BMV KRG-8, Diesel
Propeller	2 x Verstellpropeller KaMeWa 94XF3/4
Bugstrahler	2 x Brunvoll FU63 LTC, Tunnel / 790 kW

Abbildung 88: M/S Nordnorge   Foto: © Aldebaran / Wikimedia Commons CC-BY-SA-3.0

Schiffsname   M/S Nordnorge

Heimathafen / Flaggenstaat	Tromsø / Norwegen
Bauwerft / Baunummer	Kværner Kleven Ulstein, Ulstein, Norwegen / #266
Frühere Schiffsnamen	-
Baujahr	1997

Rufzeichen	3YGW	**Klassifizierung**	DNV-GL
IMO-Nummer	9107784	**MMSI-Nummer**	259371000
Länge	123,30 m	**Vermessung Brutto**	11.384 GT
Breite	19,50 m	**Vermessung Netto**	4.209 NT
Tiefgang	4,70 m	**Tragfähigkeit**	1.171 tdw
Passagiere / Kabinen	691 / 214	**Höchstgeschwindigkeit**	18,7 kn
Fahrzeuge	45 Fahrzeuge	**Frachtkapazität**	Ohne Angabe

Hauptmaschinen	2 x Krupp MAK 6M552C, Diesel / jeweils 4.500 kW
Zusatzantrieb	2 x Ulstein KRG-8, Diesel / jeweils 1.265 kW
Propeller	2 x Verstellpropeller KaMeWa 94XF3/4
Bugstrahler	2 x Brunvoll FU45LTC1375, Tunnel / jeweils 790 kW 2 x Heckstrahler Brunvoll FU63LTC1750 / jeweils 790 kW

Abbildung 89: M/S Polarlys

Foto: © Janter / Wikimedia Commons / CC BY-SA 3.0

Schiffsname — M/S Polarlys

Heimathafen / Flaggenstaat	Tromsø / Norwegen
Bauwerft / Baunummer	Ulstein Verft A/S, Ulsteinvik, Norwegen / #223
Frühere Schiffsnamen	-
Baujahr	1996

Rufzeichen	LHYG	Klassifizierung	DNV-GL
IMO-Nummer	9107796	MMSI-Nummer	259322000
Länge	123,00 m	Vermessung Brutto	11.341 GT
Breite	19,50 m	Vermessung Netto	4.171 NT
Tiefgang	4,70 m	Tragfähigkeit	1.150 tdw
Passagiere / Kabinen	737 / 225	Höchstgeschwindigkeit	19 kn
Fahrzeuge	35 Fahrzeuge	Frachtkapazität	Ohne Angabe

Hauptmaschinen	2 x Ulstein KRG-9 und 2 x Ulstein BRM-9
Zusatzantrieb	Ohne Angabe
Propeller	2 x Verstellpropeller
Bugstrahler	2 x Rolls-Royce 375 TV, Tunnel + 1 Heckstrahler

Abbildung 90: M/S Richard With

Foto: © Meegan Parkee / Hurtigruten ASA

Schiffsname   M/S Richard With   ╬

Heimathafen / Flaggenstaat	Narvik / Norwegen
Bauwerft / Baunummer	Volkswerft GmbH, Stralsund, Deutschland / #103
Frühere Schiffsnamen	-
Baujahr	1993

Rufzeichen	LGWH	**Klassifizierung**	DNV-GL
IMO-Nummer	9040429	**MMSI-Nummer**	258500000
Länge	121,80 m	**Vermessung Brutto**	11.205 GT
Breite	23,40 m	**Vermessung Netto**	4.153 NT
Tiefgang	4,70 m	**Tragfähigkeit**	850 tdw
Passagiere / Betten	623 / 464	**Höchstgeschwindigkeit**	15 kn
Fahrzeuge	45 Fahrzeuge	**Frachtkapazität**	3 Kühlräume mit 785 m³ + Fracht 1.700 m³

Hauptmaschinen	2 x MAK 6M552C, Diesel / jeweils 4.500 kW
Zusatzantrieb	2 x BMV KRG-8, Diesel
Propeller	2 x Verstellpropeller KaMeWa 94XF3/4
Bugstrahler	2 x Brunvoll FU63 LTC, Tunnel / 790 kW

Abbildung 91: M/S Trollfjord   Foto: © Nina Hellund/Hurtigruten ASA

Schiffsname   M/S Trollfjord

Heimathafen / Flaggenstaat	Tromsø / Norwegen
Bauwerft / Baunummer	Fosen Mekaniske Verksteder, Rissa, Norwegen / #72
Frühere Schiffsnamen	-
Baujahr	2002

Rufzeichen	LLVT	**Klassifizierung**	DNV-GL
IMO-Nummer	9233258	**MMSI-Nummer**	258465000
Länge	135,75 m	**Vermessung Brutto**	16.140 GT
Breite	21,50 m	**Vermessung Netto**	6.291 NT
Tiefgang	5,10 m	**Tragfähigkeit**	1.180 tdw
Passagiere / Kabinen	822 / 301	**Höchstgeschwindigkeit**	18,5 kn
Fahrzeuge	45 Fahrzeuge	**Frachtkapazität**	Keine Angabe

Hauptmaschinen	2 x Wärtsilä 9L32, Diesel / 8.280 kW
Zusatzantrieb	2 x Caterpillar 3516 B DITA, Diesel
Propeller	2 x Pods (Propellergondeln) Rolls-Royce Contaz 35
Bugstrahler	2 x Brunvoll FU80 LTC 2250 / jeweils 1.200 kW 1 x Brunvoll FU63 LTC 1750 / 900 kW

Abbildung 92: M/S Vesterålen   Foto: © Aldebaran / Wikimedia Commons CC-BY-SA-3.0

Schiffsname — M/S Vesterålen

Heimathafen / Flaggenstaat	Tromsø / Norwegen
Bauwerft / Baunummer	Kaarbøs Mekaniske Verksted,Harstad,Norwegen / #101
Frühere Schiffsnamen	-
Baujahr	1983

Rufzeichen	LLZY	Klassifizierung	DNV-GL
IMO-Nummer	8019368	MMSI-Nummer	258478000
Länge	108,55 m	Vermessung Brutto	6.261 GT
Breite	16,52 m	Vermessung Netto	2.257 NT
Tiefgang	4,60 m	Tragfähigkeit	900 tdw
Passagiere / Betten	510 / 294	Höchstgeschwindigkeit	19 kn
Fahrzeuge	35 Fahrzeuge	Frachtkapazität	Ohne Angabe

Hauptmaschinen	2 x BMV KVM-16, Diesel / jeweils 2.380 kW
Zusatzantrieb	2 x BMV KRG-5, Diesel / 1 x BMV KRG-3, Diesel
Propeller	2 x Verstellpropeller Ulstein 85/4-300
Bugstrahler	2 x Brunvoll SPT-VP-400

Abbildung 93: Irish Ferries-Flotte   Foto: © Irish Ferries

IRISH FERRIES

Irish Ferries ist Teil der Irish Continental Group und unterhält 4 Fähren auf internationalen Routen zwischen Irland, Großbritannien und Frankreich, um Passengiere, Fahrzeuge und Fracht zu tansportieren. Die Geschichte von Irish Ferries geht bis ins Jahr 1973 zurück, als Irish Continental Line als Joint Venture zwischen der Irish Shipping Limited, Fearnley & Eger und der Swedish Lion Ferry ins Leben gerufen wurde. Als Irish Shipping Limited 1984 aufgelöst wurde, Irish Continental Line transformierte durch ein "Management Buyout" zur Irish Continental Group. 1992 übernahm die Irish Continental Group die B+I Line (British and Irish Steam Packet Company) mit deren Streckennetz zwischen Dublin und Holyhead sowie Rosslare und Pembroke Dock. In den darauf folgenden Jahren investierte die Irish Continental Group mehr als 500 Million Euros in die Renovierung der betagten Flotte zu einer der modernsten Fährflotten heute in Europa. Die M/S Oscar Wilde verkehrt zwischen Rosslare (Irland) und Cherbourg (Frankreich) sowie die M/S Epsilon zwischen Rosslare (Irland) und Roscoff (Frankreich), außerdem bedient die M/S Ulysses auf der Irischen See die Route Rosslare – Roscoff, die HSC Dublin Swift die Route Dublin – Holyhead sowie die M/S Isle of Inishmore die Route Pembroke - Rosslare. [25]

Abbildung 94: M/S Epsilon   Foto: © Irish Ferries

Schiffsname — M/S Epsilon

Heimathafen / Flaggenstaat	Bari / Italien
Bauwerft / Baunummer	Cantiere Navale Visentini, Porto Viro, Italien / #228
Frühere Schiffsnamen	2011-2013 Cartour Epsilon
Baujahr	2011

Rufzeichen	ICRB	Klassifizierung	RINA
IMO-Nummer	9539054	MMSI-Nummer	247297100
Länge	186,50 m	Vermessung Brutto	26.375 GT
Breite	25,60 m	Vermessung Netto	Ohne Angabe
Tiefgang	6,85 m	Tragfähigkeit	8.615 tdw
Passagiere / Kabinen	500 / 70	Höchstgeschwindigkeit	24 kn
Fahrzeuge	74 Fahrzeuge	Frachtkapazität	2.859 lm

Hauptmaschinen	2 x MAN B&W, Diesel / 10.800 kW
Zusatzantrieb	2 x Diesel / jeweils 1.800 kW
Propeller	2 x Verstellpropeller
Bugstrahler	2 x Tunnel / jeweils 1.300 kW

Abbildung 95: M/S W.B.Yeats   Foto: © Dr.Karl-Heinz Hochhaus, Commons Wikimedia/CC BY 3.0

Schiffsname	M/S W.B.Yeats	

Heimathafen / Flaggenstaat	Limassol / Zypern
Bauwerft / Baunummer	Flensburger Schiffbau-Gesellschaft, Flensburg, Deutschland / #771
Frühere Schiffsnamen	-
Baujahr	2018

Rufzeichen	5BXC4	Klassifizierung	DNV-GL
IMO-Nummer	9809679	MMSI-Nummer	209146000
Länge	194,80 m	Vermessung Brutto	51.388 GT
Breite	31,60 m	Vermessung Netto	26.479 NT
Tiefgang	6,70 m	Tragfähigkeit	7.859 tdw
Passagiere / Betten	1.800 / 1.800	Höchstgeschwindigkeit	22,5 kn
Fahrzeuge	1.216 Fahrzeuge	Frachtkapazität	3.500 lm

Hauptmaschinen	4 × Caterpillar MaK 8M 43 C, Diesel / 33.600 kW
Zusatzantrieb	3 x Caterpillar 8M 20 C, Diesel
Propeller	2 x Verstellpropeller Caterpillar MPP 1700
Bugstrahler	3 x Brunvoll FU 93, 1.800 kW, Tunnel

Abbildung 96: M/S Princess Anastasia im Hafen von Tallinn 2017   Foto: © Pjotr Mahhonin / Wiki Commons CC-BY.SA 4.0

Moby SPL Limited wurde 2016 in St.Petersburg (Russland) als Zusammenschluss der italienischen Moby Lines mit der russischen St.Peter Line aus der Taufe gehoben.

Moby Lines ist gegenwärtig die größte italienische Fährreederei mit einer langen Geschichte und im Mittelmeer bereits seit 1956 aktiv. St.Peter Line wurde 2010 in Zypern von Investoren aus Russland, der Schweiz und der EU gegründet. Die Geschäftszentrale der Moby SPL Limited befindet sich in St.Petersburg (Russland).

Moby SPL verkehrt als Passagier- und Frachtreederei mit der Ro-Pax-Fähre M/S Princess Anastasia von St.Petersburg über Helsinki (Finnland) nach Stockholm (Schweden) und zwischen Helsinki (Finnland) und Tallinn (Estland). [26]

Abbildung 97: M/S Princess Anastasia   Foto: © Pjotr Mahhonin / Wikimedia Commons CC-BY-SA 4.0

Schiffsname   M/S SPL Princess Anastasia

Heimathafen / Flaggenstaat	Neapel/Italien
Bauwerft / Baunummer	Oy Wärtsilä Ab, Åbo, Finnland / #1290
Frühere Schiffsnamen	1986-1993 Olympia, 1993-2010 Pride of Bilbao, 2010-2013 Bilbao, 2013-2017 SPL Princess Anastasia
Baujahr	1986

Rufzeichen	9HA2705	Klassifizierung	Lloyd´s Register
IMO-Nummer	8414582	MMSI-Nummer	215357000
Länge	177,10 m	Vermessung Brutto	37.583 GT
Breite	28,46 m	Vermessung Netto	23.730 NT
Tiefgang	6,70 m	Tragfähigkeit	3.898 tdw
Passagiere / Kabinen	2.500 / 834	Höchstgeschwindigkeit	22 kn
Fahrzeuge	580 Fahrzeuge	Frachtkapazität	1.115 lm

Hauptmaschinen	4xWärtsila-Pielstick 12PC2-6V,Diesel / jeweils 5.750kW
Zusatzantrieb	Ohne Angabe
Propeller	2 x Verstellpropeller
Bugstrahler	2 x Tunnel

MOLSLINJEN

Molslinjen A/S (Dänemark)

Molslinjen A/S wurde 1963 gegründet und durchlebte seither eine durchaus wechselhafte Geschichte. Bereits 1964 wurde Molslinjen eine Tochterfirma der DSFS, was sie bis zum Jahre 1984 blieb. 1984 wurde die Gesellschaft an die Reederei J.Lauritzen verkauft. Vier Jahre später, 1988, übernahm Difko die Reederei. 1994 wurde Molslinjen in eine Aktiengesellschaft umgewandelt und an die Kopenhagener Börse gebracht. 1998 übernahm Molslinjen den bisherigen Mitbewerber Cat-Link und festigte damit die eigene Position im Kattegat.

2017 gewann Molslinjen die bis zum Jahr 2028 gültige Ausschreibung zum Betrieb der drei Fährverbindungen von Rønne (Bornholm) nach Ystad (Schweden), Køge (Dänemark) und Sassnitz (Deutschland).

2018 übernahm Molslinjen nach der Genehmigung durch die dänische Kartellbehörde alle Anteile von Danske Færger A/S. Danske Færger unterteilte sich in die regionalen Fährlinien Als Færgen, Bornholmer Færgen, Fanø Færgen, Langelands Færgen und Samsø Færgen. Diese Aufteilung wurde weitgehend uch unter dem neuen Eigner Molslinjen beibehalten, wobei jeweils der Namenszusatz Faergen durch –linjen ersetzt wurde. Somit wurden als Teil der Molslinjen A/S die Bornholmslinjen, Alslinjen, Fanølinjen, Langelandslinjen und Samsølinjen integriert. Die auf den jeweiligen Linien verkehrenden Schiffe wurden zum großen Teil übernommen und weiterhin auf ihren bestehenden Routen eingesetzt. [27]

Abbildung 98: HSC Express 1   Foto: © Bornholmslinjen

Schiffsname	HSC Express 1	✚

Heimathafen / Flaggenstaat	Aarhus / Dänemark
Bauwerft / Baunummer	Incat Tasmania Pty Ltd, Hobart, Australien / #066
Frühere Schiffsnamen	2009-2009 MGC 66, 2009-2012 Norman Arrow, 2012-2017 KatExpress 1
Baujahr	2009

Rufzeichen	OUYM2	Klassifizierung	DNV-GL
IMO-Nummer	9501590	MMSI-Nummer	219017081
Länge	112,60 m	Vermessung Brutto	10.879 GT
Breite	30,50 m	Vermessung Netto	3.264 NT
Tiefgang	3,93 m	Tragfähigkeit	1.508 tdw
Passagiere	1.200	Höchstgeschwindigkeit	40 kn
Fahrzeuge	417 Fahrzeuge	Frachtkapazität	567 lm

Hauptmaschinen	4 x MAN 20V 28/33D, Diesel / jeweils 9.000 kW
Zusatzantrieb	Ohne Angabe
Propeller	4 x Waterjet Wärtsilä LJX 1500SR
Bugstrahler	2 (versenkbar)

Abbildung 99: HSC Express 2   Foto: © Molslinjen

Schiffsname — HSC Express 2

Heimathafen / Flaggenstaat	Aarhus / Dänemark		
Bauwerft / Baunummer	Incat Tasmania Pty Ltd, Hobart, Australien / #96		
Frühere Schiffsnamen	2013-2017 KatExpress 2		
Baujahr	2013		

Rufzeichen	OWMN2	**Klassifizierung**	DNV-GL
IMO-Nummer	9561356	**MMSI-Nummer**	219018172
Länge	112,60 m	**Vermessung Brutto**	10.599 GT
Breite	30,50 m	**Vermessung Netto**	3.310 NT
Tiefgang	4,18 m	**Tragfähigkeit**	1.483 tdw
Passagiere	1.000	**Höchstgeschwindigkeit**	42,1 kn
Fahrzeuge	415	**Frachtkapazität**	567 lm

Hauptmaschinen	4 x MAN 20V 28/33D, Diesel / jeweils 9.000 kW
Zusatzantrieb	Ohne Angabe
Propeller	4 x Waterjet Wärtsilä LJX 1500SR
Bugstrahler	Ohne Angabe

Abbildung 100: HSC Express 3   Foto: © Molslinjen

Schiffsname	HSC Express 3	✚

Heimathafen / Flaggenstaat	Aarhus / Dänemark
Bauwerft / Baunummer	Incat Tasmania Pty Ltd, Hobart, Australien / #088
Frühere Schiffsnamen	-
Baujahr	2017

Rufzeichen	OXEO	**Klassifizierung**	DNV-GL
IMO-Nummer	9793064	**MMSI-Nummer**	219022903
Länge	109,40 m	**Vermessung Brutto**	10.842 GT
Breite	30,5 m	**Vermessung Netto**	3.253 NT
Tiefgang	3,20 m	**Tragfähigkeit**	1.000 tdw
Passagiere	1.000	**Höchstgeschwindigkeit**	40 kn
Fahrzeuge	411 Fahrzeuge	**Frachtkapazität**	Keine Fracht

Hauptmaschinen	4 x MAN 20V28/33D, Diesel / 36.400 kW
Zusatzantrieb	Ohne Angabe
Propeller	4 x Waterjet Wärtsilä LJX 1500
Bugstrahler	Ohne Angabe

Abbildung 101: HSC Express 4   Foto: © Molslinjen

Schiffsname	HSC Express 4	➕

Heimathafen / Flaggenstaat	Aarhus / Dänemark
Bauwerft / Baunummer	Austal Pty Ltd, Perth, Australien / #393
Frühere Schiffsnamen	-
Baujahr	2019

Rufzeichen	OXND	**Klassifizierung**	DNV-GL
IMO-Nummer	9824564	**MMSI-Nummer**	219705000
Länge	109,00 m	**Vermessung Brutto**	11.345 GT
Breite	30,50 m	**Vermessung Netto**	3.404 NT
Tiefgang	3,26 m	**Tragfähigkeit**	1.070 tdw
Passagiere	1.006	**Höchstgeschwindigkeit**	47,8 kn
Fahrzeuge	425 Fahrzeuge	**Frachtkapazität**	Keine Fracht

Hauptmaschinen	4 x MAN 20V28/33D, Diesel / 36.400 kW
Zusatzantrieb	Ohne Angabe
Propeller	4 x Waterjet Wärtsilä LJX 1500
Bugstrahler	Ohne Angabe

Abbildung 102: M/S Fenja   Foto: © FanøFærgen

| Schiffsname | M/S Fenja | ➕ |

Heimathafen / Flaggenstaat	Esbjerg / Dänemark
Bauwerft / Baunummer	Morsø Værft A/S, Nykøbing Mors, Dänemark / #202
Frühere Schiffsnamen	-
Baujahr	1998

Rufzeichen	OYIQ	Klassifizierung	Lloyd´s Register
IMO-Nummer	9189378	MMSI-Nummer	219000604
Länge	49,90 m	Vermessung Brutto	751 GT
Breite	13,40 m	Vermessung Netto	274 NT
Tiefgang	2,30 m	Tragfähigkeit	250 tdw
Passagiere	395 (Sommer) oder 296 (Winter)	Höchstgeschwindigkeit	11,5 kn
Fahrzeuge	35 Fahrzeuge	Frachtkapazität	80 lm

Hauptmaschinen	2 x Caterpillar 3412-E, Diesel / 1.618 kW
Zusatzantrieb	Ohne Angabe
Propeller	1 Azimuthpropeller Bug und 1 Azimuthprop. Heck
Bugstrahler	Funktion wird von Azimuthpropeller übernommen

Abbildung 103: M/S Frigg Sydfyen   Foto: © Als Færgen

Schiffsname	M/S Frigg Sydfyen	✚

Heimathafen / Flaggenstaat	Spodsbjerg / Dänemark
Bauwerft / Baunummer	Svendborg Skibsværft A/S, Svendborg, Dänemark / #172
Frühere Schiffsnamen	-
Baujahr	1984

Rufzeichen	OWNM	Klassifizierung	Lloyd´s Register
IMO-Nummer	8222824	MMSI-Nummer	219000606
Länge	70,01 m	Vermessung Brutto	1.676 GT
Breite	12,01 m	Vermessung Netto	826 NT
Tiefgang	3,25 m	Tragfähigkeit	459 tdw
Passagiere	338 (Sommer) oder 200 (Winter)	Höchstgeschwindigkeit	13.5 kn
Fahrzeuge	50 Fahrzeuge	Frachtkapazität	160 lm

Hauptmaschinen	2 x MAN B&W Alpha 6T23L-KVO, Diesel / jeweils 685 kW
Zusatzantrieb	4 x Scania, Diesel
Propeller	2 x Verstellpropeller
Bugstrahler	2 x Tunnel

Abbildung 104: M/S Fynshav noch unter ihrem alten Namen Kyholm   Foto: © Samsø Færgen

Schiffsname   M/S Fynshav

Heimathafen / Flaggenstaat	Fynshav / Dänemark
Bauwerft / Baunummer	Orskov Yard, Frederikshavn, Dänemark / #205
Frühere Schiffsnamen	1998-2015 Kyholm
Baujahr	1998

Rufzeichen	OZPH	Klassifizierung	Bureau Veritas
IMO-Nummer	9183025	MMSI-Nummer	219000577
Länge	69,20 m	Vermessung Brutto	3.380 GT
Breite	14,80 m	Vermessung Netto	1.014 NT
Tiefgang	3,20 m	Tragfähigkeit	489 tdw
Passagiere	550 (Sommer) oder 390 (Winter)	Höchstgeschwindigkeit	14,8 kn
Fahrzeuge	90 Fahrzeuge	Frachtkapazität	9 LKW

Hauptmaschinen	2 x MAN B&W Alpha 6L28/32A-DVO, Diesel / 2.866 kW
Zusatzantrieb	3 x Diesel / 189 kW
Propeller	2 x Propeller
Bugstrahler	2 x Tunnel

Abbildung 105: M/S Hammershus

Foto: © Bornholmslinjen

Schiffsname — M/S Hammershus ✚

Heimathafen / Flaggenstaat	Rønne / Dänemark
Bauwerft / Baunummer	Rauma Marine Constructions Oy, Rauma, Finnland / #6001
Baujahr	2018

Rufzeichen	OXPQ2	**Klassifizierung**	DNV GL
IMO-Nummer	9812107	**MMSI-Nummer**	219026000
Länge	158,00 m	**Vermessung Brutto**	18.554 GT
Breite	24,50 m	**Vermessung Netto**	5.318 NT
Tiefgang	5,70 m	**Tragfähigkeit**	3.000 tdw
Passagiere / Betten	720 / 72	**Höchstgeschwindigkeit**	18 kn
Fahrzeuge	353 PKW	**Frachtkapazität**	1.500 lm

Hauptmaschinen	2 x Wärtsila W8V31, Diesel / 9.760 kW
Zusatzantrieb	2 x Diesel
Propeller	2 x Verstellpropeller
Bugstrahler	2 x 1.500 kW, Tunnel

Abbildung 106: M/S Langeland   Foto: © Langelands Færgen

Schiffsname	M/S Langeland

Heimathafen / Flaggenstaat	Spodsbjerg / Dänemark
Bauwerft / Baunummer	J. J. Sietas Schiffswerft GmbH&Co.KG , Hamburg, Deutschland / #1296
Frühere Schiffsnamen	-
Baujahr	2012

Rufzeichen	OZCU	**Klassifizierung**	Lloyd's Register
IMO-Nummer	9596428	**MMSI-Nummer**	219016938
Länge	99,90 m	**Vermessung Brutto**	4.500 GT
Breite	18,20 m	**Vermessung Netto**	1.350 NT
Tiefgang	3,00 m	**Tragfähigkeit**	949 tdw
Passagiere	600 (Sommer) oder 450 (Winter)	**Höchstgeschwindigkeit**	16 kn
Fahrzeuge	122 Fahrzeuge	**Frachtkapazität**	Keine Fracht

Hauptmaschinen	5 x Caterpilar C32, Diesel / 3.496 kW
Zusatzantrieb	Ohne Angabe
Propeller	4 x Schottel-Propeller

Abbildung 107: M/S Lolland   Foto: © Langelands Færgen

Schiffsname   M/S Lolland

Heimathafen / Flaggenstaat	Taars / Dänemark
Bauwerft / Baunummer	J. J. Sietas Schiffswerft GmbH & Co.KG , Hamburg, Deutschland / #1295
Frühere Schiffsnamen	2011-2012 Samsø
Baujahr	2011

Rufzeichen	OYRK	**Klassifizierung**	Lloyd´s Register
IMO-Nummer	9594690	**MMSI-Nummer**	219016555
Länge	99,90 m	**Vermessung Brutto**	4.500 GT
Breite	18,20 m	**Vermessung Netto**	1.350 NT
Tiefgang	3,00 m	**Tragfähigkeit**	949 tdw
Passagiere	600 (Sommer) oder 450 (Winter)	**Höchstgeschwindigkeit**	16 kn
Fahrzeuge	122 Fahrzeuge	**Frachtkapazität**	Keine Fracht

Hauptmaschinen	5 x Caterpilar C32, Diesel / 3.496 kW
Zusatzantrieb	Ohne Angabe
Propeller	4 x Schottel-Propeller

Abbildung 108: HSC Max   Foto: © Bornholmslinjen

Schiffsname	HSC Max	✚

Heimathafen / Flaggenstaat	Aarhus / Dänemark
Bauwerft / Baunummer	Incat Tasmania Pty Ltd, Hobart, Australien / #048
Frühere Schiffsnamen	1998- 1999 Cat-Link IV, 1999-2004 Max Mols, 2004 Caen Express, 2004-2018 Max Mols
Baujahr	1998

Rufzeichen	OZQH2	Klassifizierung	DNV-GL
IMO-Nummer	9176058	MMSI-Nummer	219601000
Länge	92,00 m	Vermessung Brutto	5.617 GT
Breite	26,00 m	Vermessung Netto	2.311 NT
Tiefgang	3,70 m	Tragfähigkeit	500 tdw
Passagiere	800	Höchstgeschwindigkeit	48,1 kn
Fahrzeuge	220 Fahrzeuge	Frachtkapazität	Keine Fracht

Hauptmaschinen	4 x Ruston 20 RK270 M Mk II / 28.324 kW
Zusatzantrieb	Ohne Angabe
Propeller	4 x Waterjet, variabel
Bugstrahler	Ohne Angabe

Abbildung 109: M/S Menja   Foto: © Fanølinjen

Schiffsname	M/S Menja	✚

Heimathafen / Flaggenstaat	Esbjerg / Dänemark
Bauwerft / Baunummer	Morsø Værft A/S, Nykøbing Mors, Dänemark / #202
Frühere Schiffsnamen	-
Baujahr	1998

Rufzeichen	OYIU	**Klassifizierung**	Lloyd's Register
IMO-Nummer	9189380	**MMSI-Nummer**	219000603
Länge	49,90 m	**Vermessung Brutto**	751 GT
Breite	13,40 m	**Vermessung Netto**	274 NT
Tiefgang	2,30 m	**Tragfähigkeit**	250 tdw
Passagiere	395 (Sommer) oder 296 (Winter)	**Höchstgeschwindigkeit**	11,5 kn
Fahrzeuge	35 Fahrzeuge	**Frachtkapazität**	80 lm

Hauptmaschinen	2 x Caterpillar 3412-E, Diesel / 1.618 kW
Zusatzantrieb	Ohne Angabe
Propeller	1 Azimuthpropeller Bug und 1 Azimuthprop. Heck
Bugstrahler	Funktion wird von Azimuthpropeller übernommen

Abbildung 110: M/S Povl Anker noch unter Bornholmer Faergens-Flagge   Foto: © Bornholmer Færgen

Schiffsname	M/S Povl Anker	✚

Heimathafen / Flaggenstaat	Rønne / Dänemark
Bauwerft / Baunummer	Danyard-Aalborg A/S, Aalborg, Dänemark / #0221
Frühere Schiffsnamen	-
Baujahr	1978

Rufzeichen	OYRA2	Klassifizierung	Bureau Veritas
IMO-Nummer	7633143	MMSI-Nummer	219173000
Länge	121,10 m	Vermessung Brutto	12.358 GT
Breite	21,50 m	Vermessung Netto	4.376 NT
Tiefgang	5,25 m	Tragfähigkeit	1.940 tdw
Passagiere / Betten	1.500 / 490	Höchstgeschwindigkeit	20.5 kn
Fahrzeuge	262 Fahrzeuge	Frachtkapazität	515 lm oder 26 LKW

Hauptmaschinen	4 x B&W-Alpha-Diesel / jeweils 2.294 kW
Zusatzantrieb	4 x Diesel / 574 kW
Propeller	2 x Verstellpropeller LB 10.00
Bugstrahler	2 x Tunnel

Abbildung 111: M/S Samsø noch unter Samsø-Faergen-Flagge   Foto: © Samsø Faergen

Schiffsname   M/S Samsø

Heimathafen / Flaggenstaat	Ballen / Dänemark
Bauwerft / Baunummer	G Fratzis Shipyards, Perama, Griechenland / #P87
Frühere Schiffsnamen	2009 Kanhave, 2009 Samsoe Trafiken, 2009-2015 Kanhave
Baujahr	2009

Rufzeichen	OYHS	Klassifizierung	Bureau Veritas
IMO-Nummer	9548562	MMSI-Nummer	220619000
Länge	91,43 m	Vermessung Brutto	4.630 GT
Breite	16,20 m	Vermessung Netto	1.389 NT
Tiefgang	3,00 m	Tragfähigkeit	778 tdw
Passagiere	600 (inkl. Besatzung)	Höchstgeschwindigkeit	16 kn
Fahrzeuge	90 Fahrzeuge	Frachtkapazität	Keine Fracht

Hauptmaschinen	4 x Caterpillar 3512C HDr, Diesel / 5.000 kW
Zusatzantrieb	2 x Diesel / 312 kW
Propeller	4 x Azimuthpropeller Solid 5.00

Abbildung 112: M/S Sønderho   Foto: © Fanølinjen

Schiffsname	M/S Sønderho	➕

Heimathafen / Flaggenstaat	Esbjerg / Dänemark
Bauwerft / Baunummer	Esbjerg Jernstoberi & Maskinfabrik, Esbjerg, Dänemark / #2
Frühere Schiffsnamen	-
Baujahr	1962

Rufzeichen	OYVH	**Klassifizierung**	Lloyd´s Register
IMO-Nummer	8946779	**MMSI-Nummer**	219000605
Länge	26,30 m	**Vermessung Brutto**	93 GT
Breite	6,10 m	**Vermessung Netto**	53 NT
Tiefgang	1,21 m	**Tragfähigkeit**	21 tdw
Passagiere	199	**Höchstgeschwindigkeit**	10 kn
Fahrzeuge	Keine Fahrzeuge	**Frachtkapazität**	Keine Fracht

Hauptmaschinen	1 x Scania DSI 1140 A22S, Diesel / 235 kW
Zusatzantrieb	1 Valmet, Diesel / 40 kW
Propeller	1 x Verstellpropeller
Bugstrahler	1 x Tunnel

P&O blickt bereits auf eine lange Geschichte zurück, die Ende der 60er Jahre mit der Einrichtung eines Fährservices in der Nordsee und dem Ärmelkanal begann. Ende der 70er Jahre blieb auch P&O nicht von der Krise im traditionellen Reedereigeschäft verschont und trennte sich von einigen Geschäftsbereichen, unter anderem im Jahre 1985 von den Fährverbindungen zwischen Dover (Großbritannien) und Boulogne (Frankreich) sowie Southampton (Großbritannien) und Le Havre (Frankreich), welche an European Ferries verkauft wurden. Im Januar 1986 übernahm P&O 50.01%der European Financial Holdings Ltd., welche mit 20.8% an European Ferries beteiligt war. Im Jahr darauf übernahm P&O auch die restlichen Anteile der European Ferries Group, deren Fähraktivitäten unter dem Namen Townsend Thoresen liefen. Nachdem der Name Townsend Thoresen durch das Schiffsunglück der „Herald of Free Enterprise" im März 1987 , bei dem 187 Menschen starben, negativ behaftet war, wurde das Unternehmen am 22.Oktober 1987 in P&O European Ferries umbenannt.

Am 28.November 1996 wurde P&O European Ferries in drei getrennte Unternehmen aufgespalten: die P&O Porthmouth, die P&O North Sea sowie das gemeinsam mit Stena-Line gegründete Joint Venture P&O Stena Line mit Sitz in Dover. Im August 2002 übernahm P&O auch den 40%-igen Joint Venture-Anteil von Stena Line. Mit der Zusammenlegung der P&O North Sea, P&O Porthmouth sowie der nun vollständig im Besitz von P&O befindlichen P&O Stena Line im Oktober 2002 war die neue Fährgesellschaft aus der Taufe gehoben: die P&O Ferries Ltd. mit Sitz in Dover. Resultierend aus sinkenden Passagierzahlen durch die Ausbreitung von Billigfluggesell-schaften sowie der immer stärkeren Nutzung des Eurotuunels unter dem Ärmelkanal wurden verschiedene Streckenverbindungen ab Porthmouth im Herbst 2004 auf den Prüfstand gestellt. Übrig blieb nur die Route Porthmouth-Bilbao, die noch bis Ende September 2010 betrieben wurde. Mit dem Auslaufen des Chartervertrages für die „Pride of Bilbao" wurde zeitgleich auch die letzte verbliebene Route ab Porthmouth aufgegeben. Heute verkehrt P&O Ferries regelmäßig zwischen Großbritannien und Irland sowie zwischen Großbritannien und Frankreich, Belgien sowie den Niederlanden. [28]

Abbildung 113: M/S Pride of Bruges   Foto: © P&O Ferries

Schiffsname   M/S Pride of Bruges

Heimathafen / Flaggenstaat	Rotterdam / Niederlande
Bauwerft / Baunummer	Nippon Kokan, Tsurumi Shipyard, Yokohama, Japan/ #1033
Frühere Schiffsnamen	1987-2003 Norsun
Baujahr	1987

Rufzeichen	PGJW	**Klassifizierung**	Lloyd´s Register
IMO-Nummer	8503797	**MMSI-Nummer**	244387000
Länge	179,35 m	**Vermessung Brutto**	31.598 GT
Breite	25,09 m	**Vermessung Netto**	18.174 NT
Tiefgang	6,187 m	**Tragfähigkeit**	6.748 tdw
Passagiere / Betten	1.050 / 930	**Höchstgeschwindigkeit**	18,5 kn
Fahrzeuge	850 Fahrzeuge	**Frachtkapazität**	2.250 lm

Hauptmaschinen	4 x Sulzer SWD 16TM410, Diesel / 19.200 kW
Zusatzantrieb	Ohne Angabe
Propeller	2 x Verstellpropeller
Bugstrahler	2 x Tunnel

Abbildung 114: M/S Pride of Canterbury   Foto: © P&O Ferries

Schiffsname   M/S Pride of Canterbury

Heimathafen / Flaggenstaat	Dover / Vereinigtes Königreich
Bauwerft / Baunummer	Schichau Seebeckwerft, Bremerhaven, Deutschland/ #1076
Frühere Schiffsnamen	1991-2003 European Pathway
Baujahr	1991

Rufzeichen	MPQZ6	**Klassifizierung**	Lloyd´s Register
IMO-Nummer	9007295	**MMSI-Nummer**	232001060
Länge	179,70 m	**Vermessung Brutto**	28.138 GT
Breite	23,30 m	**Vermessung Netto**	8.649 NT
Tiefgang	6,27 m	**Tragfähigkeit**	5.875 tdw
Passagiere	2.000	**Höchstgeschwindigkeit**	21 kn
Fahrzeuge	550 Fahrzeuge	**Frachtkapazität**	1.725 lm oder 115 LKW

Hauptmaschinen	4 x Sulzer, Diesel / jeweils 5.280kW
Zusatzantrieb	4 x Sulzer 6ATL25H, Diesel / jeweils 1.150 kW
Propeller	1 x Caterpillar 3412 D1-AT, Diesel
Bugstrahler	2 x Lips 1.200 kW, Tunnel

Abbildung 115: M/S Pride of Hull

Foto: © P&O Ferries

Schiffsname	M/S Pride of Hull	

Heimathafen / Flaggenstaat	Nassau / Bahamas
Bauwerft / Baunummer	Fincantieri, Porto Maghera, Venedig, Italien / #6066
Frühere Schiffsnamen	-
Baujahr	2001

Rufzeichen	C6ZQ4	Klassifizierung	Lloyd´s Register
IMO-Nummer	9208629	MMSI-Nummer	235249000
Länge	215,44 m	Vermessung Brutto	59.925 GT
Breite	31,502 m	Vermessung Netto	Ohne Angabe
Tiefgang	6,30 m	Tragfähigkeit	8.850 tdw
Passagiere / Kabinen	1.360 / 546	Höchstgeschwindigkeit	22 kn
Fahrzeuge	125 Fahrzeuge	Frachtkapazität	3.300 lm oder 285 Trailer

Hauptmaschinen	4 × Wärtsilä 9L46C, Diesel / jeweils 9.350 kW
Zusatzantrieb	2 x Wärtsilä 9L32, Diesel / 4.050 kW
Propeller	2 x Verstellpropeller
Bugstrahler	2 x Tunnel / 2.000 kW

Abbildung 116: M/S Pride of Kent   Foto: © Alf van Beem / Wikimedia Commons CC-Zero

Schiffsname   M/S Pride of Kent

Heimathafen / Flaggenstaat	Dover / Vereinigtes Königreich
Bauwerft / Baunummer	Schichau Seebeckwerft, Bremerhaven, Deutschland/ #1073
Frühere Schiffsnamen	1992-2003 European Highway
Baujahr	1992

Rufzeichen	MQCJ2	Klassifizierung	Lloyd´s Register
IMO-Nummer	9015266	MMSI-Nummer	233009000
Länge	179,70 m	Vermessung Brutto	28.138 GT
Breite	23,30 m	Vermessung Netto	8.649 NT
Tiefgang	6,27 m	Tragfähigkeit	5.875 tdw
Passagiere	2.000	Höchstgeschwindigkeit	21 kn
Fahrzeuge	550 Fahrzeuge	Frachtkapazität	1.725 lm oder 115 LKW

Hauptmaschinen	4 x Sulzer, Diesel / jeweils 5.280kW
Zusatzantrieb	4 x Sulzer 6ATL25H, Diesel / jeweils 1.150 kW
Propeller	1 x Caterpillar 3412 D1-AT, Diesel
Bugstrahler	2 x Lips 1.200 kW, Tunnel

Abbildung 117: M/S Pride of Rotterdam   Foto: © P&O Ferries

Schiffsname — M/S Pride of Rotterdam

Heimathafen / Flaggenstaat	Rotterdam / Niederlande
Bauwerft / Baunummer	Fincantieri, Porto Maghera, Venedig, Italien / #6065
Frühere Schiffsnamen	-
Baujahr	2001

Rufzeichen	PBAJ	**Klassifizierung**	Lloyd´s Register
IMO-Nummer	9208617	**MMSI-Nummer**	244980000
Länge	215,44 m	**Vermessung Brutto**	59.925 GT
Breite	31,502 m	**Vermessung Netto**	Ohne Angabe
Tiefgang	6,30 m	**Tragfähigkeit**	8.850 tdw
Passagiere / Kabinen	1.360 / 546	**Höchstgeschwindigkeit**	22 kn
Fahrzeuge	125 Fahrzeuge	**Frachtkapazität**	3.300 lm oder 285 Trailer

Hauptmaschinen	4 × Wärtsilä 9L46C, Diesel / jeweils 9.350 kW
Zusatzantrieb	2 x Wärtsilä 9L32, Diesel / 4.050 kW
Propeller	2 x Verstellpropeller
Bugstrahler	2 x Tunnel / 2.000 kW

Abbildung 118: M/S Pride of York   Foto: © Andy Beecroft / Wikimedia Commons CC-BY-SA-2.0

Schiffsname — M/S Pride of York

Heimathafen / Flaggenstaat	Nassau / Bahamas
Bauwerft / Baunummer	Govan Shipbuilders Ltd, Glasgow, Schottland / #265
Frühere Schiffsnamen	1987-2003 Norsea
Baujahr	1987

Rufzeichen	C6ZQ7	Klassifizierung	Lloyd´s Register
IMO-Nummer	8501957	MMSI-Nummer	311063300
Länge	179.20 m	Vermessung Brutto	31,785 GT
Breite	25.40 m	Vermessung Netto	18,197 NT
Tiefgang	6.13 m	Tragfähigkeit	6,545 tdw
Passagiere / Kabinen	1,258	Höchstgeschwindigkeit	19 kn
Fahrzeuge	850 Cars	Frachtkapazität	2,250 lm

Hauptmaschinen	2 x Wärtsilä Sulzer 9ZAL40, Diesel / 18,390 kW
Zusatzantrieb	2 x Wärtsilä Sulzer 6ZAL40, Diesel
Propeller	2 x Verstellpropeller
Bugstrahler	2 x Tunnel

Abbildung 119: M/S Spirit of Britain   Foto: © P&O Ferries

Schiffsname   M/S Spirit of Britain   🇬🇧

Heimathafen / Flaggenstaat	Dover / Vereinigtes Königreich
Bauwerft / Baunummer	STX Europe New Shipyard,Helsinki,Finnland / #1367
Frühere Schiffsnamen	-
Baujahr	2011

Rufzeichen	2DXD4	Klassifizierung	Lloyd´s Register
IMO-Nummer	9524231	MMSI-Nummer	235082716
Länge	213,00 m	Vermessung Brutto	47.592 GT
Breite	31,40 m	Vermessung Netto	14.277 NT
Tiefgang	6,50 m	Tragfähigkeit	9.188 tdw
Passagiere	2.000	Höchstgeschwindigkeit	22 kn
Fahrzeuge	1.059 Fahrzeuge	Frachtkapazität	2.700 lm oder 180 LKW

Hauptmaschinen	4 x MAN 7L48/60, Diesel / jeweils 7.600 kW
Zusatzantrieb	4 x MAN, Diesel / jeweils 1.424 kW
Propeller	2 x 4-Blade Verstellpropeller MAN
Bugstrahler	3 x Wärtsilä / 3.000 kW

Abbildung 120: M/S Spirit of France · Foto: © Davy-62 / Wikimedia Commons CC-BY-SA-3.0

Schiffsname · M/S Spirit of France

Heimathafen / Flaggenstaat	Dover / Vereinigtes Königreich
Bauwerft / Baunummer	STX Europe, Rauma, Finnland / #1368
Frühere Schiffsnamen	-
Baujahr	2012

Rufzeichen	2DXD5	Klassifizierung	Lloyd´s Register
IMO-Nummer	9533816	MMSI-Nummer	235082717
Länge	213,00 m	Vermessung Brutto	47.592 GT
Breite	31,40 m	Vermessung Netto	14.277 NT
Tiefgang	6,50 m	Tragfähigkeit	9.188 tdw
Passagiere	2.000	Höchstgeschwindigkeit	22 kn
Fahrzeuge	1.059 Fahrzeuge	Frachtkapazität	2.700 lm oder 180 LKW

Hauptmaschinen	4 x MAN 7L48/60, Diesel / jeweils 7.600 kW
Zusatzantrieb	4 x MAN, Diesel / jeweils 1.424 kW
Propeller	2 x 4-Blade Verstellpropeller MAN
Bugstrahler	3 x Wärtsilä / 3.000 kW

Abbildung 121: Polferries-Flotte im Hafen von Świnoujście   Foto: © Mateusz War. / Wikimedia Commons / CC-BY-SA-3.0

ꝗolferries

POLSKA ŻEGLUGA BAŁTYCKA SA

Polferries (Polish Baltic Shipping Company) wurde als polnisches Staatsunternehmen unter dem Namen Polish Baltic Shipping zwecks Einrichtung eines Fährservices zwischen Polen und Skandinavien am 31. Januar 1976 gegründet. 1992 erhielt Polferries volle rechtliche Anerkennung als kommerzielle Fährlinie nach westlichen Maßstäben. Polferries verkehrt mit drei RoPax-Fähren auf den Ostseerouten zwischen dem schwedischen Hafen Nynäshamn vor den Toren Stockholms und dem polnischen Hafenvon Gdansk sowie zwischen Ystad in Südschweden und dem polnischen Ostseehafen von Świnoujście. [29]

Abbildung 122: M/S Scandinavia – Ankunft im Hafen von Gdansk   Foto: © Szilas / Wikimedia Commons CC-0

Abbildung 123: M/S Baltivia
Foto: © Brosen / Wikimedia Commons CC-BY-SA 3.0

Schiffsname — M/S Baltivia

Heimathafen / Flaggenstaat	Nassau / Bahamas
Bauwerft / Baunummer	Fartygsentreprenader AB, Uddevalla, Schweden / #153 Kalmar Varv A/B, Kalmar, Schweden / #453
Frühere Schiffsnamen	1981-1989 Sagaland, 1989-1993 Girolata, 1993-2002 Saga Star, 2002-2006 Dieppe
Baujahr	1981

Rufzeichen	C6WN5	Klassifizierung	DNV-GL
IMO-Nummer	7931997	MMSI-Nummer	309826000
Länge	146,90 m	Vermessung Brutto	17.790 GT
Breite	24,00 m	Vermessung Netto	9.056 NT
Tiefgang	6,25 m	Tragfähigkeit	5.309 tdw
Passagiere / Betten	250 / 178	Höchstgeschwindigkeit	20 kn
Fahrzeuge	30 Fahrzeuge	Frachtkapazität	1.408 lm oder 80 LKW

Hauptmaschinen	4 x Lindholmen-Pielstick 8PC2-5L, Diesel / jeweils 3.310 kW
Zusatzantrieb	3 x Diesel / jeweils 1.058 kW
Propeller	2 x Verstellpropeller
Bugstrahler	2 x Tunnel / jeweils 735 kW

Abbildung 124: M/S Cracovia   Foto: © Polferries

Schiffsname	M/S Cracovia

Heimathafen / Flaggenstaat	Nassau / Bahamas
Bauwerft / Baunummer	IZAR Construcciones Navales, Sevilla, Spanien / #291
Frühere Schiffsnamen	2002-2014 Murillo, 2014-2017 Drujba
Baujahr	2001

Rufzeichen	C6DG8	Klassifizierung	Polski Rejestr Statków
IMO-Nummer	9237242	MMSI-Nummer	311000671
Länge	180.50 m	Vermessung Brutto	25,028 GT
Breite	24.30 m	Vermessung Netto	8,048 NT
Tiefgang	6.50 m	Tragfähigkeit	6,767 tdw
Passagiere / Betten	650 / 384	Höchstgeschwindigkeit	22 kn
Fahrzeuge	126 LKW, 64 PKW	Frachtkapazität	2,196 lm

Hauptmaschinen	4 x Wärtsila 9L38, Diesel / jeweils 5,940 kW
Zusatzantrieb	3 x Diesel / jeweils 1.200 kW
Propeller	2 x Verstellpropeller
Bugstrahler	2 x Tunnel / jeweils 1.300 kW

Abbildung 125: M/S Mazovia   Foto: © Barabola / Wikimedia Commons CC BY-SA 4.0

Schiffsname   M/S Mazovia

Heimathafen / Flaggenstaat	Nassau / Bahamas
Bauwerft / Baunummer	Pt Dok Kodja Bahri, Jakarta, Indonesien / #1005
Frühere Schiffsnamen	1996-1997 Gotland, 1997-2013 Finnarrow, 2013-2014 Euroferry Brindisi
Baujahr	1996

Rufzeichen	C6BP8	Klassifizierung	RINA
IMO-Nummer	9010814	MMSI-Nummer	311000330
Länge	168.15 m	Vermessung Brutto	29,940 GT
Breite	28.30 m	Vermessung Netto	7,798 NT
Tiefgang	6.60 m	Tragfähigkeit	6,124 tdw
Passagiere	1,000	Höchstgeschwindigkeit	21 kn
Fahrzeuge	800 Fahrzeuge	Frachtkapazität	2,400 lm

Hauptmaschinen	4 x Sulzer 6ZA40S, Diesel / 17,280 kW
Zusatzantrieb	Ohne Angabe
Propeller	2 x Verstellpropeller
Bugstrahler	2 x Tunnel

Abbildung 126: M/S Wawel   Foto: © Brosen / Wikimedia Commons CC-BY-SA 3.0

Schiffsname   M/S Wawel

Heimathafen / Flaggenstaat	Nassau / Bahamas
Shipyard/ Yard Nummer	Kockums Varv AB, Malmö, Schweden / #569
Frühere Schiffsnamen	1980-1982 Scandinavia, 1982-1988 Tzarevetz, 1988-1990 Fiesta, 1990-1990 Fantasia, 1990-1998 Stena Fantasia, 1998-2002 P&OSL Canterbury, 2002-2004 PO Canterbury, 2004-2004 Alkmini A
Baujahr	1980

Rufzeichen	C6TY9	Klassifizierung	DNV-GL
IMO-Nummer	7814462	MMSI-Nummer	311852000
Länge	163,96 m	Vermessung Brutto	25.318 GT
Breite	27,63 m	Vermessung Netto	12.889 NT
Tiefgang	6,505 m	Tragfähigkeit	3.501 tdw
Passagiere / Betten	1.000 / 480	Höchstgeschwindigkeit	18 kn
Fahrzeuge	500 Fahrzeuge	Frachtkapazität	1.765 lm od.66 Auflieger

Hauptmaschinen	2 x Sulzer 7 RLA 56, Diesel / jeweils 6.510 kW
Zusatzantrieb	3 x Diesel / jeweils 3.000 kW
Propeller	2 x Verstellpropeller
Bugstrahler	2 x Tunnel / jeweils 1.720 kW

▼ Scandlines

Scandlines kann auf eine kurze, aber bewegte Geschichte zurückblicken. Nach der im Zuge der Wiedervereinigung Deutschlands erfolgten Fusion der beiden deutschen Bahngesellschaften am 1.Januar 1994 wurden die von beiden Gesellschaften betriebenen Fährlinien zur Deutschen Fährgesellschaft Ostsee mbH (DFO) zusammengefasst. 1995 gliederte die Dänische Staatsbahn ihre Fährgesellschaft unter dem Namen DSB Rederi A/S aus und benannte sie 1997 in Scandlines A/S um. Am 21.Juli 1998 schlossen sich die DFO und die Scandlines A/S zur Scandlines AG zusammen. Eigentümer blieben die Deutsche Bahn AG und das Königreich Dänemark bis zum Jahre 2007, als die Finanzinvestoren 3i und Allianz Capital Partners (ACP) jeweils 40% sowie die Deutsche Seereederei GmbH (DSR) die restlichen 20% der Unternehmensanteile übernahmen. Am 6.November 2008 wurde die Scandlines AG in eine GmbH umgewandelt und führt seitdem die Firmenbezeichnung Scandlines GmbH mit Sitz in Rostock. Zur Scandlines GmbH gehören die beiden Tochtergesellschaften Scandlines Deutschland Gmbh mit Sitz in Rostock sowie Scandlines Denmark A/S mit Sitz in Kopenhagen. [30] Im Oktober 2010 verkaufte die DSR ihren 20%-Anteil an 3i und ACP. ACP verkaufte im Herbst 2013 ihre Anteile an 3i, die damit Alleineigentümer der Scandlines GmbH wurden. [31]

Abbildung 127: M/S Prinsesse Benedikte   Foto: © Scandlines

Abbildung 128: M/S Berlin   Foto: © Patrick Kirkby / Wikimedia Commons CC-BY 3.0

Schiffsname   M/S Berlin

Heimathafen / Flaggenstaat	Rostock / Deutschland
Bauwerft / Baunummer	P+S Werften Stralsund, Deutschland / Fayard, Munkebo, Dänemark / #502
Frühere Schiffsnamen	-
Baujahr	2016

Rufzeichen	DKDF2	Klassifizierung	Lloyd´s Register
IMO-Nummer	9587855	MMSI-Nummer	218780000
Länge	169.50 m	Vermessung Brutto	22,319 GT
Breite	24.80 m	Vermessung Netto	6,695 NT
Tiefgang	5.5 m	Tragfähigkeit	4,200 tdw
Passagiere	1,300	Höchstgeschwindigkeit	22.5 kn
Fahrzeuge	460 PKW	Frachtkapazität	1,600 lm

Hauptmaschinen	4 x Caterpillar 9M32CCR, Diesel / 15,800 kW
Zusatzantrieb	Ohne Angabe
Propeller	2 x Verstellpropeller
Bugstrahler	2 x Tunnel

Abbildung 129: M/S Copenhagen in Warnemuende   Photo: © Bernd Wuestneck / Wikimedia Commons CC-BY 3.0

Schiffsname   M/S Copenhagen   ✚

Heimathafen / Flaggenstaat	Gedser / Dänemark
Bauwerft / Baunummer	P+S Werften Stralsund, Deutschland / Fayard, Munkebo, Dänemark / #503
Frühere Schiffsnamen	-
Baujahr	2016

Rufzeichen	OXML2	Klassifizierung	Lloyd´s Register
IMO-Nummer	9587867	MMSI-Nummer	219423000
Länge	169.50 m	Vermessung Brutto	22,319 GT
Breite	24.80 m	Vermessung Netto	6,695 NT
Tiefgang	5.5 m	Tragfähigkeit	4,200 tdw
Passagiere	1,300	Höchstgeschwindigkeit	22.5 kn
Fahrzeuge	460 Cars	Frachtkapazität	1,600 lm

Hauptmaschinen	4 x Caterpillar 9M32CCR, Diesel / 15,800 kW
Zusatzantrieb	Ohne Angabe
Propeller	2 x Verstellpropeller
Bugstrahler	2 x Tunnel

Abbildung 130: M/S Deutschland   Foto: © Scandlines

Schiffsname   M/S Deutschland   ▬

Heimathafen / Flaggenstaat	Puttgarden / Deutschland
Bauwerft / Baunummer	Van der Giessen de Noord,Krimpen aan de Ijssel, Niederlande / #970
Frühere Schiffsnamen	-
Baujahr	1997

Rufzeichen	DMLQ	**Klassifizierung**	Lloyd´s Register
IMO-Nummer	9151541	**MMSI-Nummer**	211188000
Länge	142,00 m	**Vermessung Brutto**	15.187 GT
Breite	24,80 m	**Vermessung Netto**	4.556 NT
Tiefgang	5,80 m	**Tragfähigkeit**	2.904 tdw
Passagiere	1.200	**Höchstgeschwindigkeit**	19,5 kn
Fahrzeuge	365 Fahrzeuge	**Frachtkapazität**	625 lm + 118 m Eisenbahn

Hauptmaschinen	3 x MAK 8M32, Diesel / 15.840 kW
Zusatzantrieb	2 x MAK 6M32, Diesel
Propeller	4 x Aquamaster KaMeWa, gegenläufig (2 x Steuerbord, 2 x Backbord)

Abbildung 131: M/S Kronprins Frederik   Foto: © Scandlines

Schiffsname   M/S Kronprins Frederik   ✚

Heimathafen / Flaggenstaat	Korsør / Dänemark		
Bauwerft / Baunummer	Nakskov Skibsværft A/S, Nakskov, Dänemark / #224		
Frühere Schiffsnamen	-		
Baujahr	1981		

Rufzeichen	OYEM2	**Klassifizierung**	Lloyd´s Register
IMO-Nummer	7803205	**MMSI-Nummer**	219000479
Länge	152,00 m	**Vermessung Brutto**	16.071 GT
Breite	23,70 m	**Vermessung Netto**	4.821 NT
Tiefgang	5,20 m	**Tragfähigkeit**	4.500 tdw
Passagiere	1.082	**Höchstgeschwindigkeit**	20,5 kn
Fahrzeuge	Ohne Angabe	**Frachtkapazität**	Ohne Angabe

Hauptmaschinen	4 x MAK 8M32C, Diesel / 22.000 kW
Zusatzantrieb	2 x MAK 6M32, Diesel
Propeller	2 x Verstellpropeller
Bugstrahler	2 x Tunnel

Abbildung 132: M/S Prinsesse Benedikte   Foto: © Scandlines

Schiffsname   M/S Prinsesse Benedikte   ✚

Heimathafen / Flaggenstaat	Rødbyhavn / Dänemark
Bauwerft / Baunummer	Ørskov Staalskibsværft, Frederikshavn, Dänemark / #194
Frühere Schiffsnamen	-
Baujahr	1997

Rufzeichen	OYDX2	**Klassifizierung**	Lloyd´s Register
IMO-Nummer	9144421	**MMSI-Nummer**	219000431
Länge	142,00 m	**Vermessung Brutto**	14.621 GT
Breite	25,40 m	**Vermessung Netto**	4.386 NT
Tiefgang	5,80 m	**Tragfähigkeit**	2.400 tdw
Passagiere	1.140	**Höchstgeschwindigkeit**	18,5 kn
Fahrzeuge	364 Fahrzeuge	**Frachtkapazität**	1.747 lm, 580 lm Auflieger

Hauptmaschinen	4 x MAK 8M32, Diesel / 17.440 kW
Zusatzantrieb	1 x MAN 6L32 / 44CR, Diesel
Propeller	4 x Aquamaster KaMeWa Propellergondeln
Bugstrahler	2 x Tunnel

Abbildung 133: M/S Prins Richard   Foto: © Scandlines

Schiffsname   M/S Prins Richard   ➕

Heimathafen / Flaggenstaat	Rødbyhavn / Dänemark
Bauwerft / Baunummer	Ørskov Christensen Staalskibsværft A/S, Frederikshavn, Dänemark / #193
Frühere Schiffsnamen	-
Baujahr	1997

Rufzeichen	OZLB2	Klassifizierung	Lloyd´s Register
IMO-Nummer	9144419	MMSI-Nummer	219000429
Länge	152,00 m	Vermessung Brutto	14.822 GT
Breite	23,70 m	Vermessung Netto	4.386 NT
Tiefgang	5,20 m	Tragfähigkeit	2.490 tdw
Passagiere	1.140	Höchstgeschwindigkeit	18,5 kn
Fahrzeuge	364 Fahrzeuge	Frachtkapazität	580 lm LKW, 1Eisenbahngleis 118m

Hauptmaschinen	5 x MAK 8M32C, Diesel / 17.440 kW
Zusatzantrieb	2 x MAK 6M32, Diesel
Propeller	4 x Aquamaster KaMeWa Propellergondeln, schwenkbar
Bugstrahler	Keine, Funktion von Propellergondeln übernommen

Abbildung 134: M/S Schleswig-Holstein   Foto: © Jukka Huotari/Scandlines

Schiffsname   M/S Schleswig-Holstein   ▬

Heimathafen / Flaggenstaat	Puttgarden / Deutschland
Bauwerft / Baunummer	Van der Giessen de Noord,Krimpen aan de Ijssel, Niederlande / #969
Frühere Schiffsnamen	-
Baujahr	1997

Rufzeichen	DMLM	**Klassifizierung**	Lloyd´s Register
IMO-Nummer	9151539	**MMSI-Nummer**	211190000
Länge	142,00 m	**Vermessung Brutto**	15.187 GT
Breite	24,80 m	**Vermessung Netto**	4.556 NT
Tiefgang	5,80 m	**Tragfähigkeit**	2.904 tdw
Passagiere	1.200	**Höchstgeschwindigkeit**	19,5 kn
Fahrzeuge	365 Fahrzeuge	**Frachtkapazität**	625 lm + 118 m Eisenbahn

Hauptmaschinen	3 x MAK 8M32, Diesel / 15.840 kW
Zusatzantrieb	2 x MAK 6M32, Diesel
Propeller	4 x Aquamaster KaMeWa, gegenläufig (2 x Steuerbord, 2 x Backbord)
Bugstrahler	Ohne Angabe

Abbildung 135: M/S Norröna / Route   Foto: © Smyril Line

Smyril Line   (Färöer-Inseln)

Smyril Line wurde 1982 mit dem Ziel gegründet, die Färöer-Inseln, Island und Dänemark miteinander zu verbinden. Smyril-Line verfügt lediglich über ein Schiff, die M/S Norröna. Das Schiff bietet einen ganzjährigen Verkehr zwischen Dänemark und den Färöern an, im Zeitraum von April bis Oktober wird darüber hinaus auch Island einmal pro Woche angelaufen. Smyril Line hat ihren Hauptsitz in Tórshavn/Färöer-Inseln und unterhält Buchungsbüros in Hirtshals(Dänemark), Reykjavik(Island) sowie in Kiel(Deutschland). Desweiteren bestehen Generalagenturen in Schweden, Finnland, Belgien, Niederlande, Frankreich und Italien. [32]

Abbildung 136: Smyril Line-Hauptsitz in Torshavn   Foto: © Smyril Line

Abbildung 137: M/S Norröna   Foto: © Smyril Line

Schiffsname	M/S Norröna	

Heimathafen / Flaggenstaat	Torshavn / Färöer-Inseln
Bauwerft / Baunummer	Flendern Werft AG, Lübeck, Deutschland / #694
Frühere Schiffsnamen	-
Baujahr	2003

Rufzeichen	OZ2040	Klassifizierung	DNV-GL
IMO-Nummer	9227390	MMSI-Nummer	231200000
Länge	161,00 m	Vermessung Brutto	35.966 GT
Breite	33,50 m	Vermessung Netto	15.922 NT
Tiefgang	6,00 m	Tragfähigkeit	6.113 tdw
Passagiere / Kabinen	1.482 / 318	Höchstgeschwindigkeit	21 kn
Fahrzeuge	800 Fahrzeuge	Frachtkapazität	130 LKW, 1.830 lm oder 3.250 t

Hauptmaschinen	4 x Caterpillar MAK 6M43, Diesel / 21.600 kW
Zusatzantrieb	3 x Caterpillar 9M20, Diesel
Propeller	2 x Verstellpropeller Schottel
Bugstrahler	2 x Brunvoll FU 100 LTC 2750, Tunnel

Abbildung 138: Stena Germanica II und III im Fährhafen von Göteborg (Schweden)

Stena Line

Stena Line wurde im Jahre 1962 von Sten Allan Olsson gegründet, nachdem er die schwedische Fährgesellschaft Skagenlinjen übernommen hatte. Damit verbunden war auch die Übernahme der Strecke Göteborg-Nordjylland. 1967 folgte die Ausweitung des Streckennetzes mit einer neuen Fährverbindung von Göteborg nach Kiel sowie 1979 von Frederikshavn nach Oslo. Stena Line erweiterte seit 1983 seine Geschäftsfelder mit Reiseangeboten, Hotels, Konferenzen an Bord und Busreisen. Um die weitere internationale Expansion zu finanzieren, wurde 1987 die Hälfte der Stena-Anteile verkauft und im Jahr darauf an der Stockholmer Börse erstmals notiert. 1990 expandierte Stena Line stark und verdoppelte seine Größe mit der Übernahme der Sealink British Ferries und einiger kleinerer niederländischer Reedereien. Damit rückte Stena Line zu den größten Fährreedereien der Welt auf. Um der durch den Eurotunnel entstandenen Konkurrenz Paroli bieten zu können, entschied sich Stena Line 1998, zusammen mit P&O Line ein Joint-Venture auf den Verbindungen Calais-Dover und Zeebrügge-Dover einzugehen. Damit war die P&O Stena Line geboren. Das Jahr 2000 brachte eine weitere Expansion durch die Übernahme der Stena Line Öresund AB mit 4 neuen Fährverbindungen zwischen Dänemark und Schweden sowie Schweden und Deutschland. Im darauffolgenden Jahr ging die Stena Line wieder zu 100% in Privatbesitz und zog sich von der Börse in Stockholm zurück. 2002 verkaufte Stena Line seinen 40%-Anteil am Joint Venture P&O Stena Line an P&O und schloß damit das Kapitel ihrer Zusammenarbeit. [33]

Abbildung 139: M/S Mecklenburg-Vorpommern   Foto: © NAC/Wikimedia Commons CC-BY-SA-3.0

Schiffsname   M/S Mecklenburg-Vorpommern ▬

Heimathafen / Flaggenstaat	Rostock / Deutschland
Bauwerft / Baunummer	Schichau Seebeckswerft AG, Bremerhaven, Deutschland / #1092
Frühere Schiffsnamen	-
Baujahr	1996

Rufzeichen	DQLV	**Klassifizierung**	Lloyd´s Register
IMO-Nummer	913179	**MMSI-Nummer**	211245200
Länge	199,98 m	**Vermessung Brutto**	37.987 GT
Breite	28,95 m	**Vermessung Netto**	11.623 NT
Tiefgang	6,20 m	**Tragfähigkeit**	8.920 tdw
Passagiere / Kabinen	600 / 161	**Höchstgeschwindigkeit**	22,5 kn
Fahrzeuge	445 Fahrzeuge	**Frachtkapazität**	3.198 lm, davon 945 lm Eisenbahn

Hauptmaschinen	4 x MAN B+W 6L48/60, Diesel / 25.200 kW
Propeller	2 x Verstellpropeller
Bugstrahler	2 x Tunnel

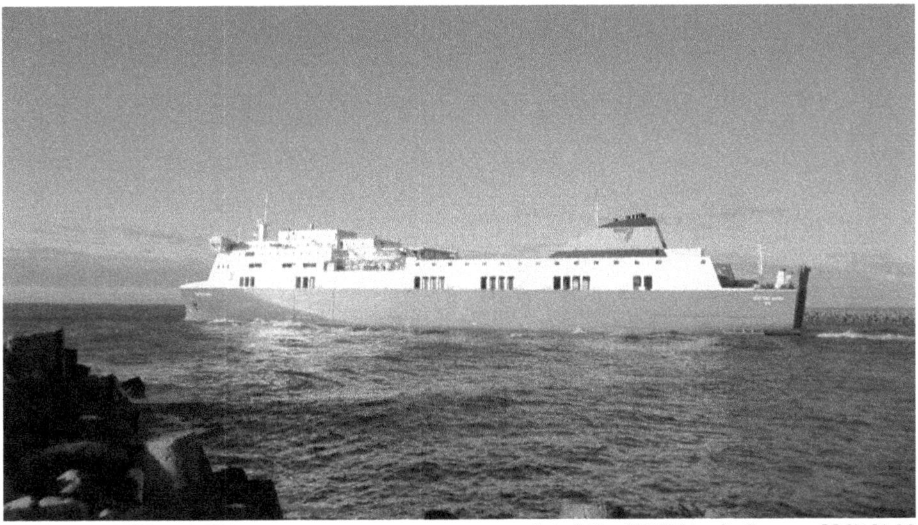

Abbildung 140: M/S Scottish Viking

Foto: © Kasp2008/Wikimedia Commons CC-BY-SA-3.0

Schiffsname M/S Scottish Viking

Heimathafen / Flaggenstaat	Bari / Italien
Bauwerft / Baunummer	C.N. "Visentini" di Visentini Francesco & C, Porto Viro, Italien / #221
Frühere Schiffsnamen	-
Baujahr	2009

Rufzeichen	IBDZ	**Klassifizierung**	RINA
IMO-Nummer	9435454	**MMSI-Nummer**	247265800
Länge	186,00 m	**Vermessung Brutto**	26.904 GT
Breite	25,60 m	**Vermessung Netto**	9.000 NT
Tiefgang	6,85 m	**Tragfähigkeit**	7.000 tdw
Passagiere	852	**Höchstgeschwindigkeit**	24 kn
Fahrzeuge	195 Fahrzeuge	**Frachtkapazität**	2.250 lm

Hauptmaschinen	2 x MAN B&W 9L48/60B, Diesel, 21.600 kW
Zusatzantrieb	3 x Diesel / 5.703 kW
Propeller	2 x Verstellpropeller
Bugstrahler	2 x Tunnel

Abbildung 141: M/S Skåne   Foto: © Stena Line

Schiffsname	M/S Skåne	

Heimathafen / Flaggenstaat	Trelleborg / Schweden
Bauwerft / Baunummer	Puerto Real Astilleros Espanoles SRL, Spanien / #77
Frühere Schiffsnamen	-
Baujahr	1998

Rufzeichen	SIEB	**Klassifizierung**	Lloyd´s Register
IMO-Nummer	9133915	**MMSI-Nummer**	265463000
Länge	200,20 m	**Vermessung Brutto**	42.705 GT
Breite	29,00 m	**Vermessung Netto**	21.731 NT
Tiefgang	6,50 m	**Tragfähigkeit**	7.290 tdw
Passagiere / Kabinen	600 / 600	**Höchstgeschwindigkeit**	21 kn
Fahrzeuge	500 Fahrzeuge	**Frachtkapazität**	3.295 lm Fahrzeuge / 1.110 lm Eisenbahn

Hauptmaschinen	4 x MAN B&W 8L48/60 / 28.960 kW
Zusatzantrieb	Ohne Angabe
Propeller	2 x Verstellpropeller
Bugstrahler	3 x Tunnel

Abbildung 142: M/S Stena Britannica   Foto: © Stena Line

Schiffsname	M/S Stena Britannica	

Heimathafen / Flaggenstaat	London / Vereinigtes Königreich
Bauwerft / Baunummer	Wadan Yards MTW,Wismar, Deutschland / #164
Frühere Schiffsnamen	-
Baujahr	2010

Rufzeichen	2DMO6	Klassifizierung	Lloyd´s Register
IMO-Nummer	9419175	MMSI-Nummer	235080274
Länge	240,87 m	Vermessung Brutto	64.039 GT
Breite	32,00 m	Vermessung Netto	36.870 NT
Tiefgang	6,50 m	Tragfähigkeit	11.600 tdw
Passagiere / Kabinen	1.200 / 540	Höchstgeschwindigkeit	22 kn
Fahrzeuge	230 Fahrzeuge	Frachtkapazität	5.500 lm od. 300 LKW

Hauptmaschinen	2 x MAN 8L48/60CR, Diesel, jeweils 9.600 kW, 2 x MAN 6L48/60CR, Diesel, jeweils 7.200 kW
Zusatzantrieb	Ohne Angabe
Propeller	2 x Verstellpropeller
Bugstrahler	2 x Tunnel

Abbildung 143: M/S Stena Danica   Foto: © Bo Rundstedt / Wikimedia Commons CC-BY-SA-3.0

Schiffsname   M/S Stena Danica   ✚

Heimathafen / Flaggenstaat	Göteborg / Schweden
Bauwerft / Baunummer	Chantiers du Nord et Med., Dunkerque, Frankreich / #309
Frühere Schiffsnamen	-
Baujahr	1983

Rufzeichen	SKFH	**Klassifizierung**	DNV-GL
IMO-Nummer	7907245	**MMSI-Nummer**	265177000
Länge	154,89 m	**Vermessung Brutto**	28.727 GT
Breite	28,04 m	**Vermessung Netto**	8.700 NT
Tiefgang	6,317 m	**Tragfähigkeit**	2.950 tdw
Passagiere / Kabinen	2.274 / 96	**Höchstgeschwindigkeit**	21 kn
Fahrzeuge	550 Fahrzeuge	**Frachtkapazität**	1.806 lm

Hauptmaschinen	4 x Sulzer 12ZV 40/48, Diesel / 25.743 kW
Zusatzantrieb	5 x Sulzer 6ASL 25/30, Diesel
Propeller	2 x Verstellpropeller Lips RO 600
Bugstrahler	2 x Lips CT 16 H, Tunnel

Abbildung 144: M/S Stena Flavia

Foto: © Stena Line

Schiffsname	M/S Stena Flavia	

Heimathafen / Flaggenstaat	London / Vereinigtes Königreich
Bauwerft / Baunummer	Cantiere Navale Visentini, Porto Viro, Italien / #219
Frühere Schiffsnamen	2008-2008 Watling Street, 2008-2010 Pilar del Mar, 2010-2013 Watling Street
Baujahr	2008

Rufzeichen	2ASI7	Klassifizierung	RINA
IMO-Nummer	9417919	**MMSI-Nummer**	235064391
Länge	186,00 m	**Vermessung Brutto**	26.904 GT
Breite	25,60 m	**Vermessung Netto**	9.000 NT
Tiefgang	6,85 m	**Tragfähigkeit**	7.000 tdw
Passagiere	852	**Höchstgeschwindigkeit**	24 kn
Fahrzeuge	195 Fahrzeuge	**Frachtkapazität**	2.250 lm

Hauptmaschinen	2 x MAN B&W 9L48/60B, Diesel / 21.600 kW
Zusatzantrieb	4 x Diesel / 6.113 kW
Propeller	2 x Verstellpropeller
Bugstrahler	2 x Tunnel

Abbildung 145: M/S Stena Germanica   Foto: © Stena Line

Schiffsname   M/S Stena Germanica

Heimathafen / Flaggenstaat	Göteborg / Schweden
Bauwerft / Baunummer	Astilleros Españoles, Puerta Real, Spain / #81
Frühere Schiffsnamen	2001-2010 Stena Hollandica, 2010 Stena Germanica III
Baujahr	2001

Rufzeichen	SLDW	Klassifizierung	Lloyd´s Register
IMO-Nummer	9145176	MMSI-Nummer	266331000
Länge	241,26 m	Vermessung Brutto	51.837 GT
Breite	28,70 m	Vermessung Netto	17.209 NT
Tiefgang	6,30 m	Tragfähigkeit	10.670 tdw
Passagiere / Betten	1.200 / 1.200	Höchstgeschwindigkeit	22 kn
Fahrzeuge	300 Fahrzeuge	Frachtkapazität	4.000 lm

Hauptmaschinen	4 x Sulzer 8ZAL40S, Diesel, 24.000 kW
Zusatzantrieb	Ohne Angabe
Propeller	2 x Verstellpropeller
Bugstrahler	2 x Tunnel

Abbildung 146: M/S Stena Gothica   Foto: © Bo Randstedt / Wikimedia Commons CC BY-SA 3.0

Schiffsname   M/S Stena Gothica

Heimathafen / Flaggenstaat	Göteborg / Schweden
Bauwerft / Baunummer	Nuovi Cantieri Aquania SpA. ,Marina, Italien / #2120
Frühere Schiffsnamen	1982-1984 Lucky Rider, 1984-1985 Stena Driver, 1985-1988 Seafreight Freeway, 1988-1990 Serdica, 1990-1991 Nordic Hunter, 1991-1991 Arka Marine, 1991-2015 Ask
Baujahr	1982

Rufzeichen	OUVU2	Klassifizierung	Lloyd´s Register
IMO-Nummer	7826867	MMSI-Nummer	219000627
Länge	171.06 m	Vermessung Brutto	13,294 GT
Breite	20.20 m	Vermessung Netto	2,406 NT
Tiefgang	5.27 m	Tragfähigkeit	4,550 tdw
Passagiere / Betten	548 / 52	Höchstgeschwindigkeit	17.5 kn
Fahrzeuge	291 Cars	Frachtkapazität	1070 lm + 69 Auflieger

Hauptmaschinen	2 x Wärtsilä-Vasa 12 V32E / Diesel / 9,840 kW
Propeller	2 x Propeller, controllable pitch
Bugstrahler	3 x Tunnel

Abbildung 147: M/S Stena Hollandica

Foto: © Stena Line

Schiffsname — M/S Stena Hollandica

Heimathafen / Flaggenstaat	Hoek van Holland / Niederlande
Bauwerft / Baunummer	Wadan Yards MTW, Wismar, Deutschland / #159
Frühere Schiffsnamen	-
Baujahr	2010

Rufzeichen	PBMM	Klassifizierung	Lloyd's Register of Shipping
IMO-Nummer	9419163	**MMSI-Nummer**	244758000
Länge	240,87 m	**Vermessung Brutto**	64.039 GT
Breite	32,00 m	**Vermessung Netto**	36.870 NT
Tiefgang	6,50 m	**Tragfähigkeit**	11.600 tdw
Passagiere / Kabinen	1.200 / 540	**Höchstgeschwindigkeit**	22 kn
Fahrzeuge	230 Fahrzeuge	**Frachtkapazität**	5.500 lm oder 300 LKW

Hauptmaschinen	2 x MAN 8L48/60CR, Diesel / jeweils 9.600 kW, 2 x MAN 6L48/60CR, Diesel / jeweils 7.200 kW
Zusatzantrieb	Ohne Angabe
Propeller	2 x Verstellpropeller
Bugstrahler	2 x Tunnel

Abbildung 148: M/S Stena Horizon   Foto: © Stena Line

Schiffsname   M/S Stena Horizon   ■

Heimathafen / Flaggenstaat	Bari / Italien
Bauwerft / Baunummer	Cantieri Navale Visentini, Porto Viro, Italien / #214
Frühere Schiffsnamen	2006-2011 Cartour Beta 2011-2014 Celtic Horizon
Baujahr	2006

Rufzeichen	IBPT	**Klassifizierung**	RINA
IMO-Nummer	9332559	**MMSI-Nummer**	247160400
Länge	177,40 m	**Vermessung Brutto**	27.522 GT
Breite	25,60 m	**Vermessung Netto**	Ohne Angabe
Tiefgang	6,60 m	**Tragfähigkeit**	7.300 tdw
Passagiere / Kabinen	972 / 156	**Höchstgeschwindigkeit**	24 kn
Fahrzeuge	186 Fahrzeuge	**Frachtkapazität**	2.244 lm / 173 LKW oder Auflieger

Hauptmaschinen	2 x MAN 9L48/60B Diesel / 21.600 kW
Zusatzantrieb	4 x 1.528 kW, Diesel
Propeller	2 x Verstellpropeller
Bugstrahler	2 x Tunnel / 1.300 kW

Abbildung 149: M/S Stena Jutlandica · Foto: © Stena Line

Schiffsname · M/S Stena Jutlandica

Heimathafen / Flaggenstaat	Göteborg / Schweden
Bauwerft / Baunummer	Van der Giessen de Noord, Krimpen a/d Ijssel, Niederlande / #967
Frühere Schiffsnamen	1996-1996 Stena Jutlandica III
Baujahr	1996

Rufzeichen	SEAN	**Klassifizierung**	Lloyd´s Register
IMO-Nummer	9125944	**MMSI-Nummer**	265410000
Länge	182,35 m	**Vermessung Brutto**	29.691 GT
Breite	27,80 m	**Vermessung Netto**	9.046 NT
Tiefgang	6,00 m	**Tragfähigkeit**	6.559 tdw
Passagiere / Kabinen	1.200 / 200	**Höchstgeschwindigkeit**	21,5 kn
Fahrzeuge	550 Fahrzeuge	**Frachtkapazität**	600 lm oder 122 Auflieger

Hauptmaschinen	4 x MAN B&W 9L48/54, Diesel / 25.920 kW
Zusatzantrieb	Ohne Angabe
Propeller	2 x Verstellpropeller
Bugstrahler	2 x Tunnel

Abbildung 150: M/S Stena Nautica   Foto: © Cloud 79 / Wikimedia Commons / PD

Schiffsname   M/S Stena Nautica

Heimathafen / Flaggenstaat	Göteborg / Schweden
Bauwerft / Baunummer	Nakskov Skibsvaerft A/S, Nakskov, Dänemark / #234
Frühere Schiffsnamen	1986-1991 Niels Klim, 1991-1992 Stena Nautica, 1992-1995 Isle of Innisfree, 1995-1996 Lion King 1996-1996 Lion King II
Baujahr	1986

Rufzeichen	SGQU	**Klassifizierung**	Lloyd's Register
IMO-Nummer	8317954	**MMSI-Nummer**	265859000
Länge	135,46 m	**Vermessung Brutto**	19.504 GT
Breite	24,00 m	**Vermessung Netto**	6.180 NT
Tiefgang	5,84 m	**Tragfähigkeit**	3.676 tdw
Passagiere / Kabinen	900 / 148	**Höchstgeschwindigkeit**	18 kn
Fahrzeuge	324 Fahrzeuge	**Frachtkapazität**	1.235 lm

Hauptmaschinen	2 x B&W 8L45GB, Diesel / 12.470 kW
Propeller	2 x Verstellpropeller
Bugstrahler	2 x Tunnel

Abbildung 151: M/S Stena Nordica   Photo: © Stena Line

Schiffsname	M/S Stena Nordica	

Heimathafen / Flaggenstaat	Nassau / Bahamas
Bauwerft / Baunummer	Mitsubishi Heavy Industries, Shimonoseki, Japan / #1068
Frühere Schiffsnamen	2000-2004 European Ambassador, 2004-2015 Stena Nordica, 2015-2016 Malo Seaways
Baujahr	2000

Rufzeichen	2BXO2	Klassifizierung	Lloyd´s Register
IMO-Nummer	9215505	MMSI-Nummer	311000843
Länge	170,50 m	Vermessung Brutto	24.206 GT
Breite	25,80 m	Vermessung Netto	NT
Tiefgang	6,00 m	Tragfähigkeit	4.884 tdw
Passagiere / Betten	450 / 222	Höchstgeschwindigkeit	25,7 kn
Fahrzeuge	300 Fahrzeuge	Frachtkapazität	1.950 lm

Hauptmaschinen	2 × Wärtsilä 18V38, 2 × Wärtsilä 12V38 / Diesel / 39.600 kW
Zusatzantrieb	Ohne Angabe
Propeller	2 x Verstellpropeller
Bugstrahler	3 x Tunnel

Abbildung 152: M/S Stena Scandinavica   Foto: © Stena Line

Schiffsname   M/S Stena Scandinavica   ➕

Heimathafen / Flaggenstaat	Göteborg / Schweden
Bauwerft / Baunummer	Hyundai Heavy Industries, Südkorea / #1392
Frühere Schiffsnamen	2003-2003 Stena Britannica II, 2003-2010 Britannica, 2010-2011 Stena Scandinavica IV
Baujahr	2003

Rufzeichen	SJLB	Klassifizierung	Lloyd´s Register
IMO-Nummer	9235517	MMSI-Nummer	266343000
Länge	240,09 m	Vermessung Brutto	57.958 GT
Breite	29,30 m	Vermessung Netto	24.087 NT
Tiefgang	6,314 m	Tragfähigkeit	12.200 tdw
Passagiere / Betten	1.300 / 1.040	Höchstgeschwindigkeit	22,5 kn
Fahrzeuge	300 Fahrzeuge	Frachtkapazität	4.220 lm

Hauptmaschinen	4 x MAN-B&W 9L40/54, Diesel / 25.920 kW
Zusatzantrieb	Ohne Angabe
Propeller	2 x Verstellpropeller
Bugstrahler	3 x Tunnel

Abbildung 153: M/S Stena Spirit   Foto: © Stena Line

Schiffsname	M/S Stena Spirit

Heimathafen / Flaggenstaat	Nassau / Bahamas
Bauwerft / Baunummer	Lenina Stocznia Gdanska, Gdansk, Polen / #B494/2
Frühere Schiffsnamen	1983-1986 Stena Germanica, 1986-2011 Stena Scandinavica
Baujahr	1983

Rufzeichen	C6ZK8	**Klassifizierung**	Lloyd´s Register
IMO-Nummer	7907661	**MMSI-Nummer**	311058100
Länge	175,39 m	**Vermessung Brutto**	39.193 GT
Breite	30,46 m	**Vermessung Netto**	22.089 NT
Tiefgang	6,701 m	**Tragfähigkeit**	4.500 tdw
Passagiere / Betten	1.700 / 1.700	**Höchstgeschwindigkeit**	21,5 kn
Fahrzeuge	569 Fahrzeuge	**Frachtkapazität**	1.628 lm

Hauptmaschinen	4 x Zgoda-Sulzer 16ZV49/48, Diesel / 33.098 kW
Zusatzantrieb	Ohne Angabe
Propeller	2 x Verstellpropeller
Bugstrahler	2 x Tunnel

Abbildung 154: M/S Stena Transit

Foto: © Ghega / Wikimedia Commons CC BY-SA 3.0

Schiffsname — M/S Stena Transit

Heimathafen / Flaggenstaat	Hoek van Holland / Niederlande
Bauwerft / Baunummer	Samsung Heavy Industries Co., Ltd., Hwaseong, Südkorea / #1808
Frühere Schiffsnamen	-
Baujahr	2011

Rufzeichen	PHJU	Klassifizierung	Lloyd´s Register
IMO-Nummer	9469388	MMSI-Nummer	244513000
Länge	212,00 m	Vermessung Brutto	33.690 GT
Breite	31,62 m	Vermessung Netto	17.330 NT
Tiefgang	6,30 m	Tragfähigkeit	8.420 tdw
Passagiere / Betten	300 / 256	Höchstgeschwindigkeit	22 kn
Fahrzeuge	Ohne Angabe	Frachtkapazität	4.057 lm

Hauptmaschinen	2 x STX-MAN 9L 48/60 B, Diesel / jeweils 10.800 kW
Zusatzantrieb	Ohne Angabe
Propeller	2 x Verstellpropeller
Bugstrahler	2 x Tunnel

Abbildung 155: M/S Stena Transporter

Schiffsname	M/S Stena Transporter

Heimathafen / Flaggenstaat	Hoek van Holland / Niederlande
Bauwerft / Baunummer	Samsung Heavy Industries, Hwaseong, Südkorea / #1807
Frühere Schiffsnamen	-
Baujahr	2011

Rufzeichen	PCIY	Klassifizierung	Lloyd´s Register
IMO-Nummer	9469376	MMSI-Nummer	246762000
Länge	212,00 m	Vermessung Brutto	33.690 GT
Breite	31,62 m	Vermessung Netto	17.330 NT
Tiefgang	6,30 m	Tragfähigkeit	8.423 tdw
Passagiere / Betten	300 / 256	Höchstgeschwindigkeit	22 kn
Fahrzeuge	Ohne Angabe	Frachtkapazität	4.057 lm

Hauptmaschinen	2 x STX-MAN 9L 48/60 B, Diesel / jeweils 10.800 kW
Zusatzantrieb	Ohne Angabe
Propeller	2 x Verstellpropeller
Bugstrahler	2 x Tunnel

Abbildung 156: M/S Stena Vinga   Foto: © Stena Line

Schiffsname	M/S Stena Vinga	✚

Heimathafen / Flaggenstaat	Göteborg / Schweden
Bauwerft / Baunummer	IHC Merwede BV, Hardinxveld-Giessendam, Niederlande / #702
Frühere Schiffsnamen	2005-2018 Hammerodde
Baujahr	2005

Rufzeichen	SBCT	Klassifizierung	Lloyd´s Register
IMO-Nummer	9323699	MMSI-Nummer	266467000
Länge	129,90 m	Vermessung Brutto	14.551 GT
Breite	23,40 m	Vermessung Netto	5.157 NT
Tiefgang	5,60 m	Tragfähigkeit	5.142 tdw
Passagiere / Betten	400 / 168	Höchstgeschwindigkeit	18,5 kn
Fahrzeuge	200 Fahrzeuge	Frachtkapazität	1.500 lm

Hauptmaschinen	2 x MAK 9M32, Diesel / 8.640 kW
Zusatzantrieb	3 x MAN B&W, Diesel / 1.545 kW
Propeller	2 x Verstellpropeller
Bugstrahler	2 x Tunnel

Abbildung 157: M/S Stena Vision   Foto: © Stena Line

Schiffsname	M/S Stena Vision	

Heimathafen / Flaggenstaat	Karlskrona / Schweden
Bauwerft / Baunummer	Stocnia i Komuni Paryski, Gdynia, Polen / #B494/1
Frühere Schiffsnamen	1981-1982 Stena Scandinavica, 1982-1986 Scandinavica, 1986-2010 Stena Germanica
Baujahr	1981

Rufzeichen	SKPZ	Klassifizierung	Lloyd´s Register
IMO-Nummer	7907659	MMSI-Nummer	265292000
Länge	175,37 m	Vermessung Brutto	39.191 GT
Breite	30,46 m	Vermessung Netto	22.089 NT
Tiefgang	6,701 m	Tragfähigkeit	4.500 tdw
Passagiere / Betten	1.700 / 1.700	Höchstgeschwindigkeit	21,5 kn
Fahrzeuge	569 Fahrzeuge	Frachtkapazität	1.628 lm

Hauptmaschinen	4 x Zgoda-Sulzer 16ZV49/48, Diesel / 33.098 kW
Zusatzantrieb	Ohne Angabe
Propeller	2 x Verstellpropeller
Bugstrahler	2 x Tunnel

Abbildung 158: M/S Urd   Foto: © Stena Line

Schiffsname	M/S Urd	

Heimathafen / Flaggenstaat	Kalundborg / Dänemark
Bauwerft / Baunummer	Nuovi Cantieri Aquania SpA, Marina, Italien / #2119
Frühere Schiffsnamen	1981-1987 Easy Rider, 1987-1988 Seafreight Highway, 1988-1990 Boyana, 1990-1991 AktivMarine
Baujahr	1981

Rufzeichen	OUYL2	Klassifizierung	Lloyd's Register
IMO-Nummer	7826855	MMSI-Nummer	219000776
Länge	171,05 m	Vermessung Brutto	13.144 GT
Breite	20,21 m	Vermessung Netto	3.309 NT
Tiefgang	5,19 m	Tragfähigkeit	4.562 tdw
Passagiere / Betten	600 / 105	Höchstgeschwindigkeit	17,3 kn
Fahrzeuge	325 Fahrzeuge	Frachtkapazität	1.600 lm

Hauptmaschinen	2 x Wärtsilä-Vasa 12V32E / Diesel / 9.708 kW
Zusatzantrieb	Ohne Angabe
Propeller	2 x Verstellpropeller
Bugstrahler	3 x Tunnel

TALLINK SILJA LINE

Im Jahre 1883 wurde die Finska Ångfartygs Ab - Suomen Höyrylaiva Oy (Finnische Dampfschiff-AG) gegründet, welche sich 1957 mit der schwedischen Stockholms Rederi Ab Svea und der finnischen Ångfartygs Ab Bore, Turku zusammenschloss und die Reederei Siljarederiet - Siljavarustamo gründete. Die Geschäftsleitung der Silja-Reederei erkannte beizeiten die zukünftige Bedeutung des Autofährverkehrs. Ab 1961 wurde mit der in Helsinki bei Wärtsilä gebauten MS SKANDIA die erste finnische Autofähre in Dienst gestellt. Im Jahre 1999 kaufte die britische Sea Containers Ltd. die Mehrheit von Silja und hatte bis 2002 alle Geschäftsanteile von Silja übernommen.

2006 wurde Silja an die estnische AS Tallink Group verkauft. Nach der Übernahme von Silja durch Tallink verblieben im Besitz der Tallink noch 6 der 11 Silja-Fähren, da die Übrigen bei Sea Containers verblieben. Nachdem 2006 finnischen Tochtergesellschaften von Tallink (Tallink Finland Oy, Silja Oy Ab und Superfast Finland) unter dem Dach von Silja Oy Ab fusionierten, wurde im Dezember 2006 der Name in Tallink Silja Oy geändert. Hauptsitz der Tallink Silja Oy ist bis heute Espoo (Finnland). Die schwedischen Tochtergesellschaften wurden als Tallink Silja AB mit Sitz in Stockholm (Schweden) zusammengefasst. [34]

Abbildung 159: M/S Baltic Queen

Abbildung 160: M/S Baltic Princess   Foto: © Hannu Nieminen / Tallink Silja Oy

Schiffsname	M/S Baltic Princess

Heimathafen / Flaggenstaat	Mariehamn / Finnland
Bauwerft / Baunummer	STX Finnland Oy, Rauma, Finnland / #1361
Frühere Schiffsnamen	-
Baujahr	2008

Rufzeichen	OJQF	**Klassifizierung**	Bureau Veritas
IMO-Nummer	9354284	**MMSI-Nummer**	230639000
Länge	212,10 m	**Vermessung Brutto**	48.915 GT
Breite	29,00 m	**Vermessung Netto**	30.860 NT
Tiefgang	6,42 m	**Tragfähigkeit**	6.287 tdw
Passagiere / Betten	2.800 / 2.500	**Höchstgeschwindigkeit**	24,5 kn
Fahrzeuge	420 Fahrzeuge	**Frachtkapazität**	1.130 lm

Hauptmaschinen	4 × Wärtsilä 16V32, Diesel / 32.000 kW
Zusatzantrieb	Ohne Angabe
Propeller	2 x Verstellpropeller LB 10.00
Bugstrahler	2 x Tunnel

Abbildung 161: M/S Baltic Queen   Foto: © Tallink Silja Oy

Schiffsname   M/S Baltic Queen   ▬

Heimathafen / Flaggenstaat	Tallinn / Estland
Bauwerft / Baunummer	STX Finnland Oy, Rauma, Finnland / #1365
Frühere Schiffsnamen	-
Baujahr	2009

Rufzeichen	ESJJ	**Klassifizierung**	Bureau Veritas
IMO-Nummer	9443255	**MMSI-Nummer**	276779000
Länge	212,10 m	**Vermessung Brutto**	48.915 GT
Breite	29,00 m	**Vermessung Netto**	30.860 NT
Tiefgang	6,42 m	**Tragfähigkeit**	6.287 tdw
Passagiere / Betten	2.800 / 2.500	**Höchstgeschwindigkeit**	24,5 kn
Fahrzeuge	420 Fahrzeuge	**Frachtkapazität**	1.130 lm

Hauptmaschinen	4 × Wärtsilä 16V32, Diesel / 32.000 kW
Zusatzantrieb	Ohne Angabe
Propeller	2 x Verstellpropeller LB 10.00
Bugstrahler	2 x Tunnel

Abbildung 162: M/S Galaxy

Foto: © Marko Stampehl / Tallink Silja Oy

Schiffsname — M/S Galaxy

Heimathafen / Flaggenstaat	Stockholm / Schweden
Bauwerft / Baunummer	STX Finnland Oy, Rauma, Finnland / #435
Frühere Schiffsnamen	-
Baujahr	2006

Rufzeichen	SFZQ	**Klassifizierung**	Bureau Veritas
IMO-Nummer	9333694	**MMSI-Nummer**	266301000
Länge	212,10 m	**Vermessung Brutto**	48.915 GT
Breite	29,00 m	**Vermessung Netto**	30.860 NT
Tiefgang	6,40 m	**Tragfähigkeit**	6.287 tdw
Passagiere / Betten	2.700 / 2.200	**Höchstgeschwindigkeit**	22 kn
Fahrzeuge	420 Fahrzeuge	**Frachtkapazität**	1.130 lm

Hauptmaschinen	4 x Wärtsilä, Diesel / 26.240 kW
Zusatzantrieb	3 x Diesel / 2.360 kW
Propeller	2 x Verstellpropeller LB 10.00
Bugstrahler	2 x Tunnel

Abbildung 163: M/S Isabelle   Foto: © AS Tallink Grupp

Schiffsname	M/S Isabelle	

Heimathafen / Flaggenstaat	Riga / Lettland
Bauwerft / Baunummer	Brodogradilište Split, Split, Kroatien / #357
Frühere Schiffsnamen	1989-2013 Isabella
Baujahr	1989

Rufzeichen	YLEZ	Klassifizierung	DNV-GL
IMO-Nummer	8700723	MMSI-Nummer	275430000
Länge	169,40 m	Vermessung Brutto	35.154 GT
Breite	28,20 m	Vermessung Netto	20.683 NT
Tiefgang	6,418 m	Tragfähigkeit	3.680 tdw
Passagiere / Betten	2.480 / 2.166	Höchstgeschwindigkeit	21,5 kn
Fahrzeuge	364 Fahrzeuge	Frachtkapazität	850 lm

Hauptmaschinen	4 x Wärtsilä- Pielstick 12PC 2.6 2VE-400, Diesel / 24.000 kW
Zusatzantrieb	4 x Wärtsilä 6R32 BC, Diesel
Propeller	2 x Verstellpropeller KaMeWa 157XF3/4
Bugstrahler	2 x KaMeWa 2400D/AS-CP, Tunnel

Figure 164: M/S Megastar
Foto: © AS Tallink Grupp

Schiffsname	M/S Megastar	

Heimathafen / Flaggenstaat	Tallinn / Estland
Bauwerft / Baunummer	Meyer Turku Oy, Åbo, Finnland / #1391
Frühere Schiffsnamen	-
Baujahr	2017

Rufzeichen	ESKL	Klassifizierung	Bureau Veritas
IMO-Nummer	9773064	MMSI-Nummer	276829000
Länge	212.20 m	Vermessung Brutto	49,134 GT
Breite	30.60 m	Vermessung Netto	15,621 NT
Tiefgang	7.10 m	Tragfähigkeit	6,300 tdw
Passagiere	2,800	Höchstgeschwindigkeit	27.0 kn
Fahrzeuge	800 Cars	Frachtkapazität	3,653 lm

Hauptmaschinen	3 x Wärtsilä 12V50DF, Diesel/LNG / 40,600 kW
Zusatzantrieb	2 x Wärtsilä 6L50DF, Diesel/LNG
Propeller	2 x Propeller, solid LB 10.00
Bugstrahler	2 x Tunnel

Abbildung 165: M/S Romantika   Foto: © Magnus Rietz / Tallink Silja Oy

Schiffsname   M/S Romantika

Heimathafen / Flaggenstaat	Riga / Lettland
Bauwerft / Baunummer	Aker Finnyards, Rauma, Finnland / #443
Frühere Schiffsnamen	-
Baujahr	2002

Rufzeichen	YLBT	Klassifizierung	Lloyd´s Register
IMO-Nummer	9237589	MMSI-Nummer	275304000
Länge	192,90 m	Vermessung Brutto	40.803 GT
Breite	29,00 m	Vermessung Netto	24.202 NT
Tiefgang	6,50 m	Tragfähigkeit	4.500 tdw
Passagiere / Kabinen	2.500 / 727	Höchstgeschwindigkeit	22 kn
Fahrzeuge	300 Fahrzeuge	Frachtkapazität	1.030 lm

Hauptmaschinen	4 x Wärtsilä 16V32 / Diesel / jeweils 6.560 kW
Zusatzantrieb	Ohne Angabe
Propeller	2 x Verstellpropeller
Bugstrahler	2 x Tunnel

Abbildung 166: M/S Silja Europa

Foto: © Hannu Vallas / Tallink Silja Oy

Schiffsname — M/S Silja Europa

Heimathafen / Flaggenstaat	Tallinn / Estland
Bauwerft / Baunummer	Meyer Werft GmbH, Papenburg, Deutschland / #627
Frühere Schiffsnamen	1993-1993 Europa
Baujahr	1993

Rufzeichen	ESUJ	Klassifizierung	Bureau Veritas
IMO-Nummer	8919805	MMSI-Nummer	276807000
Länge	201,80 m	Vermessung Brutto	59.914 GT
Breite	32,00 m	Vermessung Netto	41.309 NT
Tiefgang	6,80 m	Tragfähigkeit	4.650 tdw
Passagiere / Kabinen	3.123 / 1.194	Höchstgeschwindigkeit	21,5 kn
Fahrzeuge	350 Fahrzeuge	Frachtkapazität	932 lm oder 50 LKW

Hauptmaschinen	4 x MAN B&W 6L58/64, Diesel, 31.800 kW
Zusatzantrieb	4 x Diesel, 2.245 kW
Propeller	2 x Verstellpropeller LB 10.00
Bugstrahler	4 x Tunnel

Abbildung 167: M/S Silja Serenade   Foto: © Magnus Rietz / Tallink Silja Oy

Schiffsname	M/S Silja Serenade	🇫🇮

Heimathafen / Flaggenstaat	Mariehamn / Finnland
Bauwerft / Baunummer	Masa-Yards Oy Turku , Åbo, Finnland / #1301
Frühere Schiffsnamen	-
Baujahr	1990

Rufzeichen	OJCS	Klassifizierung	Lloyd´s Register
IMO-Nummer	8715259	MMSI-Nummer	230184000
Länge	203,03 m	Vermessung Brutto	58.376 GT
Breite	31,93 m	Vermessung Netto	35.961 NT
Tiefgang	7,12 m	Tragfähigkeit	3.700 tdw
Passagiere / Kabinen	2.852 / 986	Höchstgeschwindigkeit	21,5 kn
Fahrzeuge	410 Fahrzeuge	Frachtkapazität	950

Hauptmaschinen	4 x Wärtsilä-Vasa 9R46 / Diesel / 32.580 kW
Zusatzantrieb	Ohne Angabe
Propeller	2 x Verstellpropeller
Bugstrahler	2 x Tunnel

Abbildung 168: M/S Silja Symphony Foto: © AS Tallink Grupp

Schiffsname — M/S Silja Symphony

Heimathafen / Flaggenstaat	Stockholm / Schweden
Bauwerft / Baunummer	Kvaerner Masa Yards, Turku, Finnland / #1309
Frühere Schiffsnamen	-
Baujahr	1991

Rufzeichen	SCGB	**Klassifizierung**	Lloyd´s Register
IMO-Nummer	8803769	**MMSI-Nummer**	265004000
Länge	203,03 m	**Vermessung Brutto**	58.377 GT
Breite	31,50 m	**Vermessung Netto**	35.962 NT
Tiefgang	7,101 m	**Tragfähigkeit**	5.340 tdw
Passagiere / Betten	2.852 / 2.700	**Höchstgeschwindigkeit**	21 kn
Fahrzeuge	410 Fahrzeuge	**Frachtkapazität**	950 lm

Hauptmaschinen	4 × Wärtsilä-Vasa 9R46, Diesel / 32.500 kW
Zusatzantrieb	Ohne Angabe
Propeller	2 x Verstellpropeller LB 10.00
Bugstrahler	2 x Tunnel

Abbildung 169: M/S Star   Foto: © Hannu Vallas / Tallink Silja Oy

Schiffsname — M/S Star

Heimathafen / Flaggenstaat	Tallinn / Estland
Bauwerft / Baunummer	Aker Finnyards, Helsinki, Finnland / #1356
Frühere Schiffsnamen	-
Baujahr	2007

Rufzeichen	ESCJ	**Klassifizierung**	Bureau Veritas
IMO-Nummer	9364722	**MMSI-Nummer**	276672000
Länge	186,00 m	**Vermessung Brutto**	36.249 GT
Breite	27,70 m	**Vermessung Netto**	13.316 NT
Tiefgang	6,80 m	**Tragfähigkeit**	4.700 tdw
Passagiere	1.900	**Höchstgeschwindigkeit**	27,5 kn
Fahrzeuge	450 Fahrzeuge	**Frachtkapazität**	2.000 lm oder 120 LKW

Hauptmaschinen	4 x MAK 12M43C / Diesel / 48.000 kW
Zusatzantrieb	3 x Wärtsilä 8L20 / Diesel / 4.320 kW
Propeller	2 x Verstellpropeller Wärtsilä
Bugstrahler	2 x Wärtsilä / jeweils 1.500 kW

Abbildung 170: M/S Victoria I   Foto: © AS Tallink Grupp

Schiffsname — M/S Victoria I

Heimathafen / Flaggenstaat	Tallinn / Estland
Bauwerft / Baunummer	STX Finnland Oy, Rauma, Finnland / #434
Frühere Schiffsnamen	-
Baujahr	2004

Rufzeichen	ESRP	Klassifizierung	Bureau Veritas
IMO-Nummer	9281281	MMSI-Nummer	276519000
Länge	192,90 m	Vermessung Brutto	40.975 GT
Breite	29,00 m	Vermessung Netto	24.794 NT
Tiefgang	6,60 m	Tragfähigkeit	4.930 tdw
Passagiere / Betten	2.500 / 2.252	Höchstgeschwindigkeit	22 kn
Fahrzeuge	400 Fahrzeuge	Frachtkapazität	1.030 lm

Hauptmaschinen	4 x Wärtsilä, Diesel / 26.240 kW
Zusatzantrieb	2 x Diesel / 3.342 kW + 1 x Diesel / 1.984 kW
Propeller	2 x Verstellpropeller LB 10.00
Bugstrahler	2 x Tunnel

Abbildung 171: TT-Line-Hauptsitz "Hafenhaus"in Travemünde   Foto: © TT-Line

TT-Line wurde im Jahre 1962 von J.A. Reinecke als Travemünde-Trelleborg-Linie (TT-Linie) gegründet. Später beteiligten sich die Trampschiffahrt GmbH & Co. KG und die Iduna-Versicherungen. 1967 wurde die Organisationsstruktur der Reederei verändert und fortan als OHG Travemünde-Trelleborg-Linie GmbH & Co. geführt. Im Jahr 1980 gründete die deutsche TT-Linie zusammen mit der schwedischen Saga Linjen, einer Tochtergesellschaft der schwedischen Staatsbahn, die TT-Saga-Line. Mit einem gemeinsamen Pool von sechs Schiffen wurden ab Travemünde die schwedischen Häfen Trelleborg, Malmö und Helsingborg angelaufen. Zwei Jahre später, 1982, wurden die Verbindungen nach Malmö und Helsingborg eingestellt, und man konzentrierte die Aktivitäten auf die Strecke Travemünde–Trelleborg. 1991 zog sich Saga Linjen (inzwischen umbenannt in Swedcarrier) aus dem Pool zurück. Deren Anteile wurden von der schwedischen Reederei Gotlandsbolaget übernommen, die jedoch Ende 1992 wieder den Pool verließ. Daraufhin waren die deutschen Gesellschafter von TT-Line alleinige Betreiber der Fährverbindung Travemünde-Trelleborg. Gemeinsam mit der DSR Rostock GmbH wurde seit 1992 unter dem Namen TR-Line eine Fährverbindung zwischen Trelleborg und Rostock betrieben. 1996 übernahm TT-Line die Anteile der DSR Rostock und bediente fortan die Strecke Rostock–Trelleborg allein, nun ebenfalls unter der Marke TT-Line. Aufgrund des stark gestiegenen RoRo-Verkehrs auf der Ostsee wurde 2006 der Skandinavienkai ausgebaut sowie um ein neues Terminal- und Bürogebäude, das Hafenhaus, erweitert. Im August 2006 wurde der Unternehmenssitz von Hamburg nach Lübeck-Travemünde verlegt. Anfang 2013 übernahmen Arend Oetker und Bernhard Termühlen zu jeweils 50% alle Anteile der TT-Line. [35]

Abbildung 172: M/S Huckleberry Finn   Foto: © TT-Line

Schiffsname   M/S Huckleberry Finn

Heimathafen / Flaggenstaat	Trelleborg / Schweden
Bauwerft / Baunummer	Schichau Seebeckswerft, Bremerhaven, Deutschland/ #1063
Frühere Schiffsnamen	1988-1993 Nils Dacke, 1993-2001 Peter Pan, 2001-2002 Peter Pan IV
Baujahr	1988

Rufzeichen	SHLU	**Klassifizierung**	DNV-GL
IMO-Nummer	8618358	**MMSI-Nummer**	265874000
Länge	177,20 m	**Vermessung Brutto**	26.391 GT
Breite	26,00 m	**Vermessung Netto**	8.417 NT
Tiefgang	5,75 m	**Tragfähigkeit**	6.254 tdw
Passagiere / Betten	400 / 324	**Höchstgeschwindigkeit**	19 kn
Fahrzeuge	535 Fahrzeuge	**Frachtkapazität**	2.240 lm auf 3 Decks

Hauptmaschinen	2 x MAN B&W 8L40/45 / Diesel / jeweils 3.170 kW 2 x MAN B&W 6L40/45 / Diesel / jeweils 4.230 kW
Zusatzantrieb	4 x Diesel / jeweils 1.025 kW
Propeller	2 x Verstellpropeller
Bugstrahler	2 x KaMeWa, Tunnel

Abbildung 173: M/S Marco Polo

Foto: © TT-Line

Schiffsname — M/S Marco Polo

Heimathafen / Flaggenstaat	Limassol / Zypern
Bauwerft / Baunummer	Van der Giessen de Noord, Krimpen a.d.Ijssel,Niederlande / #287
Frühere Schiffsnamen	1993-1994 Via Ionio, 1994-2017 Espresso Ravenna, 2017-2019 Barbara Krahulik
Baujahr	1993

Rufzeichen	5BJX5	**Klassifizierung**	DNV-GL
IMO-Nummer	9019080	**MMSI-Nummer**	209764000
Länge	150,38 m	**Vermessung Brutto**	16.130 GT
Breite	23,43 m	**Vermessung Netto**	4.839 NT
Tiefgang	6,015 m	**Tragfähigkeit**	6.734 tdw
Passagiere / Betten	215 / 208	**Höchstgeschwindigkeit**	19 kn
Fahrzeuge	Fahrzeuge	**Frachtkapazität**	1.780 lm

Hauptmaschinen	2 x Sulzer 8ZAL40S / Diesel / 11.520 kW
Zusatzantrieb	Ohne Angabe
Propeller	2 x Verstellpropeller
Bugstrahler	2 x Tunnel

Abbildung 174: M/S Nils Dacke   Foto: © TT-Line

Schiffsname — M/S Nils Dacke ➕

Heimathafen / Flaggenstaat	Trelleborg / Schweden
Bauwerft / Baunummer	Finnyards Oy, Rauma, Finnland / #411
Frühere Schiffsnamen	-
Baujahr	1995

Rufzeichen	SFVP	Klassifizierung	DNV-GL
IMO-Nummer	9087477	MMSI-Nummer	266127000
Länge	179,71 m	Vermessung Brutto	26.796 GT
Breite	27,20 m	Vermessung Netto	11.589 NT
Tiefgang	6,00 m	Tragfähigkeit	6.538 tdw
Passagiere / Betten	300 / 321	Höchstgeschwindigkeit	19,5 kn
Fahrzeuge	Ohne Angabe	Frachtkapazität	2.400 lm oder 152 LKW

Hauptmaschinen	2 x MAK 6M552C, Diesel / jeweils 6.500 kW
Zusatzantrieb	4 x Diesel / jeweils 4.500 kW
Propeller	2 x LIPS Festpropeller
Bugstrahler	2 x Tunnel / jeweils 1.200 kW

Abbildung 175: M/S Nils Holgersson   Foto: © TT-Line

Schiffsname	M/S Nils Holgersson	▬

Heimathafen / Flaggenstaat	Lübeck / Deutschland
Bauwerft / Baunummer	SSW Fähr– und Spezialschiffbau GmbH, Bremerhaven, Deutschland / #2000
Frühere Schiffsnamen	-
Baujahr	2001

Rufzeichen	DNPI	Klassifizierung	DNV-GL
IMO-Nummer	9217230	MMSI-Nummer	211343680
Länge	190,77 m	Vermessung Brutto	36.468 GT
Breite	29,50 m	Vermessung Netto	10.940 NT
Tiefgang	6,20 m	Tragfähigkeit	6.475 tdw
Passagiere / Betten	744 / 640	Höchstgeschwindigkeit	23 kn
Fahrzeuge	Ohne Angabe	Frachtkapazität	174 Auflieger auf 2.640 lm auf 3 Ladedecks

Hauptmaschinen	2 x SSP–Pods Dieselelektrisch / jeweils 11.000 kW 5 x Dieselgeneratoren / 29.880 kW
Propeller	4 x Ruderpropeller
Bugstrahler	2 x Brunvoll, Tunnel / jeweils 2.400 kW

Abbildung 176: M/S Peter Pan   Foto: © TT-Line

Schiffsname   M/S Peter Pan   ✚

Heimathafen / Flaggenstaat	Trelleborg / Schweden
Bauwerft / Baunummer	SSW Fähr– und Spezialschiffbau GmbH, Bremerhaven, Deutschland / #2001
Frühere Schiffsnamen	-
Baujahr	2001

Rufzeichen	SGUH	**Klassifizierung**	DNV-GL
IMO-Nummer	9217242	**MMSI-Nummer**	265866000
Länge	190,77 m	**Vermessung Brutto**	36.468 GT
Breite	29,50 m	**Vermessung Netto**	10.940 NT
Tiefgang	6,20 m	**Tragfähigkeit**	6.475 tdw
Passagiere / Betten	744 / 640	**Höchstgeschwindigkeit**	23 kn
Fahrzeuge	Ohne Angabe	**Frachtkapazität**	174 Auflieger auf 2.640 lm auf 3 Ladedecks

Hauptmaschinen	2 x SSP–Pods Dieselelektrisch / jeweils 11.000 kW 5 x Dieselgeneratoren / 29.880 kW
Propeller	4 x Ruderpropeller
Bugstrahler	2 x Brunvoll, Tunnel / jeweils 2.400 kW

Abbildung 177: M/S Robin Hood

Foto: © TT-Line

Schiffsname	M/S Robin Hood

Heimathafen / Flaggenstaat	Lübeck / Deutschland
Bauwerft / Baunummer	Finnyards Oy, Rauma, Finnland / #410
Frühere Schiffsnamen	-
Baujahr	1995

Rufzeichen	DGDM	Klassifizierung	DNV-GL
IMO-Nummer	9087465	MMSI-Nummer	218370000
Länge	179,71 m	Vermessung Brutto	26.796 GT
Breite	27,20 m	Vermessung Netto	11.589 NT
Tiefgang	6,00 m	Tragfähigkeit	6.538 tdw
Passagiere / Kabinen	300 / 321	Höchstgeschwindigkeit	19,5 kn
Fahrzeuge	Ohne Angabe	Frachtkapazität	2.400 lm oder 152 LKW

Hauptmaschinen	2 x MAK 6M552C, Diesel / jeweils 6.500 kW
Zusatzantrieb	4 x Diesel / jeweils 4.500 kW
Propeller	2 x LIPS Festpropeller
Bugstrahler	2 x Tunnel / jeweils 1.200 kW

Abbildung 178: M/S Tom Sawyer   Foto: © TT-Line

Schiffsname	M/S Tom Sawyer	

Heimathafen / Flaggenstaat	Rostock / Deutschland
Bauwerft / Baunummer	Schichau Seebeckswerft, Bremerhaven, Deutschland/ #1064
Frühere Schiffsnamen	1989-1993 Robin Hood, 1993-2001 Nils Holgersson
Baujahr	1989

Rufzeichen	DGRH	**Klassifizierung**	DNV-GL
IMO-Nummer	8703232	**MMSI-Nummer**	211149000
Länge	177,20 m	**Vermessung Brutto**	26.391 GT
Breite	26,00 m	**Vermessung Netto**	8.417 NT
Tiefgang	5,75 m	**Tragfähigkeit**	6.254 tdw
Passagiere / Kabinen	400 / 324	**Höchstgeschwindigkeit**	19 kn
Fahrzeuge	535 Fahrzeuge	**Frachtkapazität**	2.240 lm auf 3 Decks

Hauptmaschinen	2 x MAN B&W 8L40/45 / Diesel / jeweils 3.170 kW 2 x MAN B&W 6L40/45 / Diesel / jeweils 4.230 kW
Zusatzantrieb	4 x Diesel / jeweils 1.025 kW
Propeller	2 x Verstellpropeller
Bugstrahler	2 x KaMeWa, Tunnel

Abbildung 179: Streckennetz Unity Line 2014   Foto und Grafik: © Unity Line

Die polnische Fährgesellschaft Unity Line wurde im Mai 1994 mit dem Anspruch ins Leben gerufen, die "Beste Fährgesellschaft der Ostsee" zu werden. Wenn auch diese Einschätzung sehr subjektiv sein mag, ist es Unity Line gelungen, 1995 mit der M/S Polonia eine der damals modernsten und sichersten Ostseefähren in Dienst zu stellen. Bis zum heutigen Tag ist die M/S Polonia das Flaggschiff der Unity Line. Resultierend aus dem stetig steigenden Bedarf folgte 2008 die Indienststellung der RoPax-Fähre M/S Skania. Beide Fähren verkehren auf der Route Świnoujście – Ystad. In den folgenden Jahren wurden weitere 5 Schiffe in Dienst gestellt, die im Gegensatz zur M/S Polonia und M/S Skania hauptsächlich für den Frachtverkehr vorgesehen sind. Dabei handelt es sich um die M/S Jan Śniadecki, die M/S Kopernik, die M/S Gryf, die M/S Galileusz sowie die M/S Wolin. Das Streckennetz wurde mit diesen Schiffen um die Fährverbindung Świnoujście – Trelleborg erweitert. [36]

Abbildung 180: M/S Gryf am Fährterminal in Świnoujście (Polen)   Foto: © Unity Line

Abbildung 181: M/S Copernicus   Foto: © Unity Line

Schiffsname	M/S Copernicus	

Heimathafen / Flaggenstaat	Limassol / Zypern
Bauwerft / Baunummer	Fincantieri S.p.A., Triest, Italien / #5924
Frühere Schiffsnamen	1995-2017 Puglia
Baujahr	1995

Rufzeichen	5BWX4	Klassifizierung	RINA
IMO-Nummer	9031703	MMSI-Nummer	209183000
Länge	150,38 m	Vermessung Brutto	15.950 GT
Breite	23,40 m	Vermessung Netto	4.785 NT
Tiefgang	6,0 m	Tragfähigkeit	6.794 tdw
Passagiere / Betten	160 / 128	Höchstgeschwindigkeit	19 kn
Fahrzeuge	Ohne Angabe	Frachtkapazität	1.830 lm

Hauptmaschinen	2 x GMT-Sulzer 8 ZAL 40S, Diesel / 11.520 kW
Zusatzantrieb	Ohne Angabe
Propeller	2 x Verstellpropeller
Bugstrahler	2 x Tunnel, 750 kW

Abbildung 182: M/S Galileusz   Foto: © Unity Line

Schiffsname — M/S Galileusz

Heimathafen / Flaggenstaat	Limassol / Zypern
Bauwerft / Baunummer	Van der Giessen de Noord, Krimpen a/d Ijssel, Niederlande / #959
Frühere Schiffsnamen	1992-2006 Via Tirreno
Baujahr	1992

Rufzeichen	C4LV2	**Klassifizierung**	DNV-GL
IMO-Nummer	9019078	**MMSI-Nummer**	210095000
Länge	150,37 m	**Vermessung Brutto**	15.848 GT
Breite	23,40 m	**Vermessung Netto**	4.755 NT
Tiefgang	6,00 m	**Tragfähigkeit**	6.710 tdw
Passagiere / Kabinen	125 / 51	**Höchstgeschwindigkeit**	18,5 kn
Fahrzeuge	Ohne Angabe	**Frachtkapazität**	90 LKW / 1.650 lm

Hauptmaschinen	2 x Zgoda 8ZAL40S, Diesel / jeweils 5.760 kW
Zusatzantrieb	2 x Diesel / jeweils 1.000 kW
Propeller	2 x Verstellpropeller
Bugstrahler	2 x Tunnel / jeweils 750 kW

Abbildung 183: M/S Gryf   Foto: © Unity Line

Schiffsname   M/S Gryf

Heimathafen / Flaggenstaat	Nassau / Bahamas
Bauwerft / Baunummer	Bruce Shipyard, Landskrona, Schweden / #19, fertiggestellt von Fosen Mekaniske Verksteder, Rissa, Norwegen / #43
Frühere Schiffsnamen	1991-2004 Kaptan Burhanettin Isim
Baujahr	1991

Rufzeichen	C6TV9	Klassifizierung	DNV-GL
IMO-Nummer	8818300	MMSI-Nummer	311794000
Länge	157,90 m	Vermessung Brutto	18.653 GT
Breite	24,33 m	Vermessung Netto	5.595 NT
Tiefgang	5,915 m	Tragfähigkeit	6.934 tdw
Passagiere / Betten	120 / 120	Höchstgeschwindigkeit	17,7 kn
Fahrzeuge	Ohne Angabe	Frachtkapazität	1.800 lm

Hauptmaschinen	2 x Sulzer 6ZA40S, Diesel / 7.920 kW
Zusatzantrieb	3 x Mitsubishi S6R2 MPTK, Diesel
Propeller	2 x Verstellpropeller Ulstein 95/4
Bugstrahler	2 x Brunvoll FU63, Tunnel

Abbildung 184: M/S Jan Śniadecki   Photo: © Unity Line

Schiffsname   M/S Jan Śniadecki

Heimathafen / Flaggenstaat	Limassol / Zypern		
Bauwerft / Baunummer	Falkenbergs Varv AB, Falkenberg, Schweden / #186		
Frühere Schiffsnamen	-		
Baujahr	1988		

Rufzeichen	P3TX6	Klassifizierung	Polski Rejestr Statkow
IMO-Nummer	8604711	**MMSI-Nummer**	212004000
Länge	155,19 m	**Vermessung Brutto**	14.417 GT
Breite	21,60 m	**Vermessung Netto**	4.325 NT
Tiefgang	5,10 m	**Tragfähigkeit**	5.149 tdw
Passagiere / Betten	57 / 57	**Höchstgeschwindigkeit**	17 kn
Fahrzeuge	Ohne Angabe	**Frachtkapazität**	Hauptdeck: 590.5 lm Oberdeck : 487.0 lm

Hauptmaschinen	4 x Zgoda Sulzer 6 ZL 40, Diesel / 11.840 kW
Zusatzantrieb	Ohne Angabe
Propeller	2 x Verstellpropeller
Bugstrahler	2 x Tunnel

Abbildung 185: M/S Polonia   Foto: © Unity Line

Schiffsname — M/S Polonia

Heimathafen / Flaggenstaat	Nassau / Bahamas
Bauwerft / Baunummer	Langsten Slip & Båtbyggeri A/S, Tomrefjorden, Norwegen / #163
Frühere Schiffsnamen	-
Baujahr	1995

Rufzeichen	C6NC7	Klassifizierung	DNV-GL
IMO-Nummer	9108350	MMSI-Nummer	309272000
Länge	169,90 m	Vermessung Brutto	29.875 GT
Breite	28,03 m	Vermessung Netto	10.582 NT
Tiefgang	6,216 m	Tragfähigkeit	7.250 tdw
Passagiere / Betten	918 / 618	Höchstgeschwindigkeit	20,2 kn
Fahrzeuge	808 lm Fahrzeuge	Frachtkapazität	2.777 lm LKW

Hauptmaschinen	4 x Wärtsilä 6SW38, Diesel / 21.840 kW
Zusatzantrieb	3 x Wärtsilä 6SW280, Diesel
Propeller	2 x Verstellpropeller Meckle
Bugstrahler	3 x Brunvoll SPA VP, Tunnel,1x Heckstrahler Brunvoll SPA VP

Abbildung 186: M/S Skania   Foto: © Unity Line

Schiffsname	M/S Skania	

Heimathafen / Flaggenstaat	Nassau / Bahamas
Bauwerft / Baunummer	Schichau Seebeckwerft, Bremerhaven, Deutschland / #1087
Frühere Schiffsnamen	1995-2004 Superfast I, 2004-2008 Eurostar Roma
Baujahr	1995

Rufzeichen	C6XF4	Klassifizierung	DNV-GL
IMO-Nummer	9086588	MMSI-Nummer	311007200
Länge	173,70 m	Vermessung Brutto	23.933 GT
Breite	24,00 m	Vermessung Netto	8.876 NT
Tiefgang	6,419 m	Tragfähigkeit	5.717 tdw
Passagiere / Betten	1.400 / 686	Höchstgeschwindigkeit	27,9 kn
Fahrzeuge	830 Fahrzeuge	Frachtkapazität	1.850 lm

Hauptmaschinen	4 x Wärtsilä Italia 12ZA40S, Diesel / 34.550 kW
Zusatzantrieb	3 x MAN 6L28/32A, Diesel
Propeller	2 x Verstellpropeller 144 XF3/4-100 FO 156
Bugstrahler	2 x KaMeWa 6L28/32A, Tunnel, Bugstrahler 1 x ABB Zamech Marine CPT 1.75, Heckstrahler

Abbildung 187: M/S Wolin   Foto: © Unity Line

Schiffsname — M/S Wolin

Heimathafen / Flaggenstaat	Nassau / Bahamas
Bauwerft / Baunummer	Moss Fredrikstad Værft, Moss, Norwegen / #204
Frühere Schiffsnamen	1986-2002 Öresund, 2002-2007 Sky Wind
Baujahr	1986

Rufzeichen	C6WN4	Klassifizierung	DNV-GL
IMO-Nummer	8420842	MMSI-Nummer	309801000
Länge	186,02 m	Vermessung Brutto	22.874 GT
Breite	23,70 m	Vermessung Netto	6.862 NT
Tiefgang	5,90 m	Tragfähigkeit	5.143 tdw
Passagiere / Betten	364 / 240	Höchstgeschwindigkeit	15,5 kn
Fahrzeuge	Ohne Angabe	Frachtkapazität	1.800 lm, 5 Bahngleise mit 650 m

Hauptmaschinen	4 x MAN 6L40/45, Diesel / 13.200 kW
Zusatzantrieb	2 x Wärtsilä 6R32BC, Diesel
Propeller	2 x Verstellpropeller Liaaen EF115
Bugstrahler	2 x Liaaen, Tunnel 1 x Liaaen TCN 105/75 250 (Heckstrahler)

VIKING LINE

Die heute unter dem Namen Viking Line bekannte Fährlinie wurde bereits 1966 als Zusammenschluß der 3 Reedereien Rederi Ab Ålandsfärjan, Rederi Ab Vikinglinjen und Rederi Ab Slite gegründet, um im Ostseeverkehr mit der Silja Line zu konkurrieren. Rederi Ab Ålandsfärjan änderte 1970 ihren Namen in SF Line, wobei das S für Schweden und das F für Finnland im Namen standen. Im selben Jahr wurde auch die ehemalige Rederi Ab Vikinglinjen in Rederi Ab Sally umbenannt. Als die Eigentümerfirma der Silja Line, EffJohn, 1987 die Rederi Ab Sally übernahm, mußte auf Druck der beiden anderen Reedereien Rederi Ab Sally die Viking Line verlassen. Damit verblieben nur noch 2 Reedereien im Viking Line-Verbund. Nachdem die Rederi Ab Slite in wirtschaftliche Schwierigkeiten geriet und 1993 Konkurs anmeldete, bestand die Viking Line nur noch aus der SF Line. Deshalb änderte SF Line den Namen in Viking Line, unter dem sie noch heute verkehrt. [37]

Abbildung 188: Viking Line in Helsinki   Foto: © Viking Line

Abbildung 189: M/S Amorella

Foto: © Viking Line

Schiffsname — M/S Amorella

Heimathafen / Flaggenstaat	Mariehamn / Finnland
Bauwerft / Baunummer	Brodogradilište Split, Split, Jugoslawien / #356
Frühere Schiffsnamen	-
Baujahr	1988

Rufzeichen	OIWS	Klassifizierung	DNV-GL
IMO-Nummer	8601915	MMSI-Nummer	230172000
Länge	169,40 m	Vermessung Brutto	34.384 GT
Breite	28,20 m	Vermessung Netto	19.689 NT
Tiefgang	6,35 m	Tragfähigkeit	3.690 tdw
Passagiere	2.420	Höchstgeschwindigkeit	21,5 kn
Fahrzeuge	450 Fahrzeuge	Frachtkapazität	970 lm oder 53 LKW

Hauptmaschinen	4 x Wärtsilä Pielstick 12PC26V-400, Diesel / 23.769 kW
Zusatzantrieb	4 x Wärtsilä 6R32 BC, Diesel
Propeller	2 x Verstellpropeller KaMeWa 157XF3/4
Bugstrahler	2 x KaMeWa 2400D/AS-CP, Tunnel / 1.100 kW

Abbildung 190: M/S Gabriella   Foto: © Viking Line

Schiffsname	M/S Gabriella

Heimathafen / Flaggenstaat	Mariehamn / Finnland
Bauwerft / Baunummer	Brodogradiliste Split, Split, Kroatien / #372
Frühere Schiffsnamen	1992-1994 Frans Suell, 1994-1997 Silja Scandinavica
Baujahr	1992

Rufzeichen	OJHP	Klassifizierung	DNV-GL
IMO-Nummer	8917601	MMSI-Nummer	230361000
Länge	169,40 m	Vermessung Brutto	35.492 GT
Breite	28,20 m	Vermessung Netto	19.654 NT
Tiefgang	6,368 m	Tragfähigkeit	2.962 tdw
Passagiere / Betten	2.420 / 2.404	Höchstgeschwindigkeit	20,5 kn
Fahrzeuge	400 Fahrzeuge	Frachtkapazität	970 lm

Hauptmaschinen	4 x Pielstick-Wärtsilä 12 PC2-6/2V, Diesel / 23.780 kW
Zusatzantrieb	4 x Wärtsilä 6R32BC, Diesel
Propeller	2 x Verstellpropeller KaMeWa 157XF3/4RF
Bugstrahler	2 x KaMeWa, Tunnel

Abbildung 191: M/S Mariella   Foto: © Viking Line

Schiffsname — M/S Mariella

Heimathafen / Flaggenstaat	Mariehamn / Finnland
Bauwerft / Baunummer	Oy Wärtsilä Ab, Åbo, Finnland / #1286
Frühere Schiffsnamen	-
Baujahr	1985

Rufzeichen	OITI	Klassifizierung	DNV-GL
IMO-Nummer	8320573	MMSI-Nummer	230181000
Länge	175,70 m	Vermessung Brutto	37.860 GT
Breite	28,40 m	Vermessung Netto	24.421 NT
Tiefgang	6,78 m	Tragfähigkeit	3.524 tdw
Passagiere / Betten	2.447 / 2.447	Höchstgeschwindigkeit	22 kn
Fahrzeuge	580 Fahrzeuge	Frachtkapazität	1.115 lm

Hauptmaschinen	4 x Pielstick-Wärtsilä 12PC2-6V-400, Diesel / 23.000 kW
Zusatzantrieb	3 x Wärtsilä 6R32BC, Diesel
Propeller	2 x Verstellpropeller Fischer 157S4
Bugstrahler	2 x KaMeWa 2400AS/CP

Abbildung 192: M/S Rosella   Foto: © Viking Line

Schiffsname	M/S Rosella

Heimathafen / Flaggenstaat	Norrtälje / Schweden
Bauwerft / Baunummer	Oy Wärtsilä AB, Åbo, Finnland / #1249
Frühere Schiffsnamen	-
Baujahr	1980

Rufzeichen	SDEV	Klassifizierung	DNV-GL
IMO-Nummer	7901265	MMSI-Nummer	266296000
Länge	136,11 m	Vermessung Brutto	16.879 GT
Breite	24,24 m	Vermessung Netto	5.063 NT
Tiefgang	5,40 m	Tragfähigkeit	2.300 tdw
Passagiere / Betten	1.530 / 1.184	Höchstgeschwindigkeit	21,5 kn
Fahrzeuge	350 Fahrzeuge	Frachtkapazität	720 lm oder 43 Auflieger

Hauptmaschinen	4 x Pielstick-Wärtsilä 12PC2-2V 400, Diesel / 17.760 kW
Zusatzantrieb	4 x Wärtsilä 824 TS, Diesel
Propeller	2 x Verstellpropeller KaMeWa 2X121XF/4
Bugstrahler	2 x KaMeWa 1650/AS-CP/59, Tunnel

Abbildung 193: M/S Viking Cinderella   Foto: © Viking Line

Schiffsname   M/S Viking Cinderella   ✚

Heimathafen / Flaggenstaat	Stockholm / Schweden
Bauwerft / Baunummer	Wärtsilä Marine Industries, Turku Shipyard, Turku, Finnland / #1302
Frühere Schiffsnamen	1989-2003 Cinderella
Baujahr	1989

Rufzeichen	SEAI	**Klassifizierung**	DNV-GL
IMO-Nummer	8719188	**MMSI-Nummer**	266027000
Länge	191,00 m	**Vermessung Brutto**	46.398 GT
Breite	35,84 m	**Vermessung Netto**	29.223 NT
Tiefgang	6,60 m	**Tragfähigkeit**	4.228 tdw
Passagiere	2.560	**Höchstgeschwindigkeit**	21 kn
Fahrzeuge	100 Fahrzeuge	**Frachtkapazität**	760 lm

Hauptmaschinen	4 x Wärtsilä-Sulzer 12ZAV 40S ER1, Diesel / 28.800 kW
Zusatzantrieb	4 x Wärtsilä 6R32E, Diesel
Propeller	2 x Verstellpropeller KaMeWa 171 XF3/4
Bugstrahler	2 x KaMeWa 2400D/AS-CP, Tunnel

Abbildung 194: M/S Viking Grace   Foto: © Viking Line

Schiffsname	M/S Viking Grace	

Heimathafen / Flaggenstaat	Mariehamn / Finnland
Bauwerft / Baunummer	STX Finnlund, Perno, Finnland / #1376
Frühere Schiffsnamen	-
Baujahr	2013

Rufzeichen	OJPQ	Klassifizierung	Lloyd´s Register
IMO-Nummer	9606900	MMSI-Nummer	230629000
Länge	218,00 m	Vermessung Brutto	57.565 GT
Breite	31,80 m	Vermessung Netto	37.600 NT
Tiefgang	6,80 m	Tragfähigkeit	5.030 tdw
Passagiere / Kabinen	2.800 / 880	Höchstgeschwindigkeit	21,8 kn
Fahrzeuge	100 Fahrzeuge+500 lm extra Fahrzeugdeck	Frachtkapazität	1.250 lm

Hauptmaschinen	4 x Wärtsilä 8L50DF, wahlweise Diesel oder LNG / jeweils 7.600 kW
Zusatzantrieb	2 x 10.500 kW
Propeller	2 x 5-Blatt-Festpropeller
Bugstrahler	2 x Bugstrahler jeweils 2.300 kW, 1 x Heckstrahler1.500 kW

Abbildung 195: M/S Viking XPRS   Foto: © Viking Line

Schiffsname   M/S Viking XPRS   ✚

Heimathafen / Flaggenstaat	Norrtälje / Schweden
Bauwerft / Baunummer	Aker Finnyards, Helsinki, Finnland / #1358
Frühere Schiffsnamen	-
Baujahr	2008

Rufzeichen	SBXN	Klassifizierung	Lloyd´s Register
IMO-Nummer	9375654	MMSI-Nummer	265611110
Länge	185,00 m	Vermessung Brutto	35.778 GT
Breite	27,70 m	Vermessung Netto	14.165 NT
Tiefgang	6,55 m	Tragfähigkeit	5.184 tdw
Passagiere / Kabinen	2.500 / 238	Höchstgeschwindigkeit	25 kn
Fahrzeuge	230 Fahrzeuge	Frachtkapazität	1.000 lm oder 60 LKW

Hauptmaschinen	4 x Wärtsilä 8L46F, Diesel / 40.000 kW
Zusatzantrieb	Ohne Angabe
Propeller	2 x Verstellpropeller
Bugstrahler	2 x Tunnel

wasaline

Wasaline (Finnland)

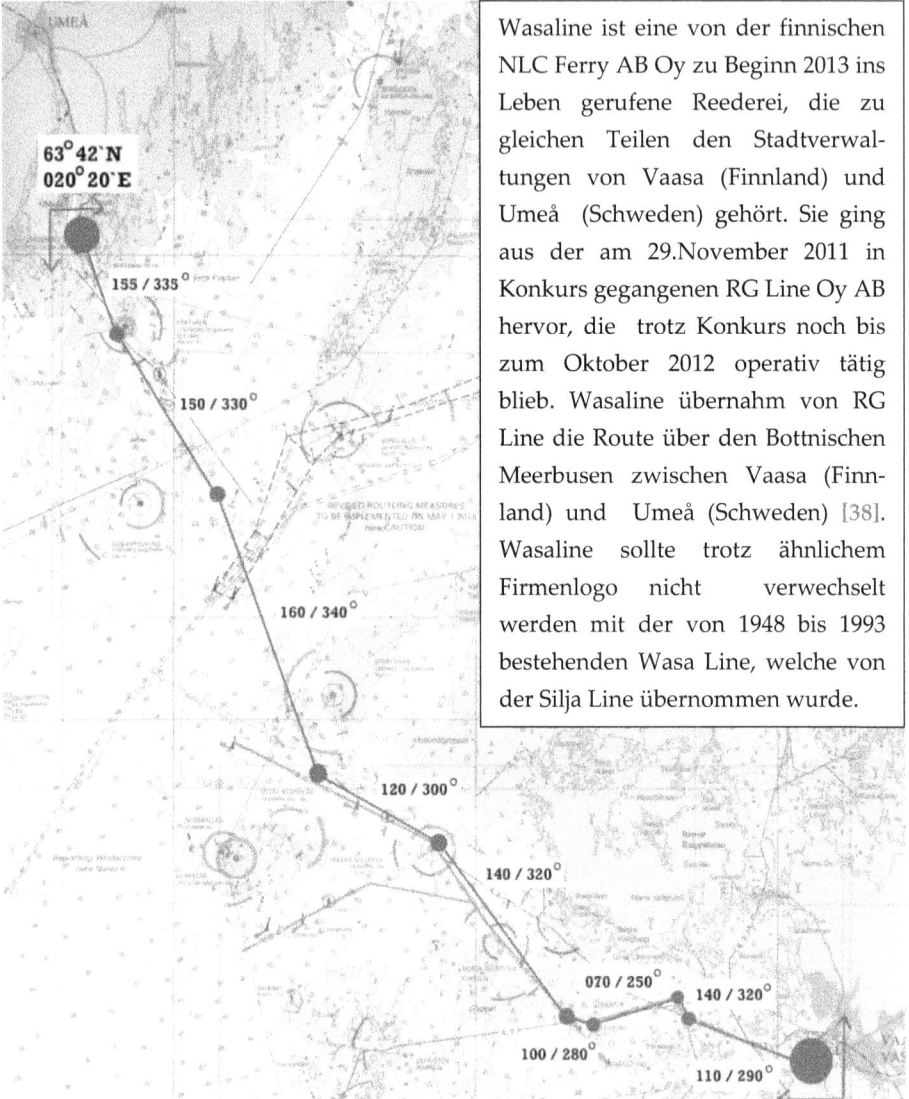

Wasaline ist eine von der finnischen NLC Ferry AB Oy zu Beginn 2013 ins Leben gerufene Reederei, die zu gleichen Teilen den Stadtverwaltungen von Vaasa (Finnland) und Umeå (Schweden) gehört. Sie ging aus der am 29.November 2011 in Konkurs gegangenen RG Line Oy AB hervor, die trotz Konkurs noch bis zum Oktober 2012 operativ tätig blieb. Wasaline übernahm von RG Line die Route über den Bottnischen Meerbusen zwischen Vaasa (Finnland) und Umeå (Schweden) [38]. Wasaline sollte trotz ähnlichem Firmenlogo nicht verwechselt werden mit der von 1948 bis 1993 bestehenden Wasa Line, welche von der Silja Line übernommen wurde.

Abbildung 196: Route Wasaline zwischen Umeå und Vaasa 2013   Grafik: © Wasaline

Wasaline verfügt nur über die M/S Wasa Express, welche zwischen Umeå und Vaasa eingesetzt wird. Wasaline bietet Überfahrten, thematische Minikreuzfahrten und Konferenztouren an. Abgerundet wird das Geschäftskonzept durch den Frachtverkehr.

Abbildung 197: M/S Wasa Express   Foto: © Wasaline

Schiffsname   M/S Wasa Express

Heimathafen / Flaggenstaat	Vaasa / Finnland
Shipyard /Yard Nummer	Oy Wärtsilä AB, Helsinki, Finnland / #432
Frühere Schiffsnamen	1981-1987 Travemünde, 1987-1988 Travemünde Link, 1988-1997 Sally Star,1997 Wasa Express, 1997-2004 / 2006-2007/ 2010-2011 Thjelvar, 2004-2006 Coloder Traveller, 2007-2010 Rostock, 2011-2012 Betancuria
Baujahr	1981

Rufzeichen	OJQB	Klassifizierung	DNV-GL
IMO-Nummer	8000226	MMSI-Nummer	230636000
Länge	141,00 m	Vermessung Brutto	17.053 GT
Breite	22,81 m	Vermessung Netto	7.729 NT
Tiefgang	4,95 m	Tragfähigkeit	4.150 tdw
Passagiere / Kabinen	1.500 / 316	Höchstgeschwindigkeit	19,5 kn
Fahrzeuge	450 Fahrzeuge	Frachtkapazität	1.150 lm

Hauptmaschinen	4 x Wärtsilä 12V32 4SA, Diesel / 14.840 kW
Zusatzantrieb	2 x Wärtsilä 4I32
Propeller	2 x KaMeWa Verstellpropeller
Bugstrahler	1 x KaMeWa 2000AS-CP

Abbildung 198: Oberdeck auf Colorline-Fähre
Foto: © Robert Dreier Tveit Holand

5.	Definitionen	

Abkürz.	Begriff	Definition
	Zusatzantrieb	Maschinen für zusätzliche Leistung und zur Versorgung mit elektrischer Energie
	Breite	Breite in Meter
	Betten	Anzahl verfügbarer Betten
	Bugstrahler	Manövriereinheit für Seitwärtsmanöver des Schiffes, im Bugwulst eingebaut
	Kabinen	Anzahl verfügbarer Kabinen
	Rufzeichen	Seefunkcode, individuell für jedes Schiff
	Frachtkapazität	Ladekapazität in Lademeter, Tonnen oder Anzahl der LKW bzw. Auflieger
	Klassifizierung	Klassifizierungsgesellschaft (verantwortlich für die Zertifizierung)
	Tragfähigkeit	Ladekapazität des Schiffes inklusive Besatzung und Ausrüstung, gemessen in tdw (Tonnen Tragfähigkeit)
	Tiefgang	Tiefenangabe zwischen Wasserlinie und Schiffsboden (in Meter)
	Flaggenstaat	Staat, in dem das Schiff offiziell registriert ist
GT	Vermessung Brutto	Definiert als der umbaute Raum aller geschlossenen Räume des Schiffes
HSC	High Speed Catamaran	Hochgeschwindigkeitsfzg. mit Doppelrumpf
	Heimathafen	Registrierter Heimathafen des Schiffes, abhängig vom Flaggenstaat
IMO	International Maritime Organisation	Internationale Seefahrtsorganisation
	IMO-Nummer	Von der IMO vergebene Schiffsidentifikationsnummer. Diese Nummer ändert sich nicht während des gesamten Schiffslebens
kn	Knoten	Nautische Maßeinheit für Geschwindigkeit 1 kn = 1.852 m/h
kW	Kilowatt	Maßeinheit für Leistungsangabe v. Maschinen
lm	Lademeter	Maßeinheit für Frachtkapazität auf Schiffen
	Länge	Schiffslänge über Alles in Meter
	Hauptmaschinen	Hauptantriebsmaschinen,m. Propeller,Wasserstrahlantrieb oder Antriebsgondeln verbunden
	Höchstgeschwindigkeit	Höchstgeschwindigkeit in Knoten
m	Meter	Metrische Einheit zur Längenmessung

Abbrev.	Term	Definition
MMSI	Maritime Mobile Service Identity	
	MMSI-Nummer	9-stelliger Code, über Funkfrequenz gesendet zur Schiffsidentifizierung
M/S	Motorschiff	Schiff mit Maschinenantrieb
NT	Vermessung Netto	Raumzahl, welche das gesamte umbaute Volumen des Schiffsnutzraumes umfasst
	Passagiere	Anzahl der Passagiere
	Frühere Schiffsnamen	Frühere Namen seit Indienststellung
	Propeller	Rotating multiple bladed device, that turn on a shaft, used for propulsion purposes
	Propellergondel	Gekapselte Antriebseinheit, schwenkbar
	Bauwerft	Schiffbaubetrieb
SOLAS	Safety of Life at Sea	Internationales Übereinkommen zum Schutz des menschlichen Lebens auf See
	Heckstrahler	Manövriereinheit (Motor + Propeller) für Seitwärtsmanöver des Schiffes auf engem Raum, im hinteren Schiffsteil eingebaut
tdw	Tonnen Tragfähigkeit	Maßeinheit für Tragfähigkeit des Schiffes
	Fahrzeuge	Anzahl der Fahrzeuge an Bord
	Waterjet	Wasserstrahlantrieb: Antriebssystem mittels Wasserstrahl, i.Allg. bestehend aus ummanteltem Propeller, verbunden mit einer Düse
	Baunummer	Von der Bauwerft vergebene Nummer
	Baujahr	Jahr der Fertigstellung des Schiffes

Abbildung 199: Fährhafen von Puttgarden (Deutschland)   Foto: © Scandlines

6.	Abbildungsverzeichnis	Seite
Abbildung 1	M/S Norröna auf See / Foto: © Smyril Line	Cover
Abbildung 2	M/S Norröna auf See / Foto: © Smyril Line	8
Abbildung 3	Passagierfähre HSC Red Jet 5 / Foto: © Editor5807 / Wiki Comm. CC-BY-SA3.0	10
Abbildung 4	RO/RO-Fähre M/S Finnsky / Foto: © Finnlines	11
Abbildung 5	Zwei typische RO/PAX-Fähren: M/S Peter Pan und M/S Nils Holgersson / Foto: © TT-Line	11
Abbildung 6	Röntgenschnitt HSC SuperSpeed 1 / Grafik: © Color Line AS	12
Abbildung 7	Röntgenschnitt M/S Color Fantasy/Color Magic / Grafik: © Color Line AS	12
Abbildung 8	Layout M/S Color Fantasy / Color Magic - Grafik: © Color Line AS	12
Abbildung 9	Abbildung 9: M/S Nordlys mit starker Schlagseite nach dem Eindringen von Löschwasser / Foto: © Elin Støbakk Hald / Wiki Commmons / CC BY-SA 3.0	13
Abbildung 10	Free Surface Effect / Grafik: © Mario Meister	14
Abbildung 11	Container mit Rettungsinseln an Bord der M/S Tom Sawyer / Foto: © Mario Meister	16
Abbildung 12	Rettungsboote an Bord der M/S Tom Sawyer / Foto: © Mario Meister	16
Abbildung 13	Instruktionen zum Anlegen der Rettungswesten / Foto: © Dmitry G/Wiki Commons/CC BY-SA 3.0	17
Abbildung 14	Abbildung 14: Oben: Hinweisschild für Sammelpunkt / Unten: Hinweisschild für Depot Rettungswesten (Bedeutung: 20 Rettungswesten für Kinder sowie 15 Rettungswesten für Erwachsene) / Foto: © Mario Meister	18
Abbildung 15	M/S Estonia / Foto: © PD	20
Abbildung 16	Fahrzeugdeck an Bord einer DFDS-Fähre / Foto: © DFDS Logistics	21
Abbildung 17	M/S Barfleur / Foto: © Brittany Ferries	22
Abbildung 18	Streckennetz Brittany Ferries / Grafik: © Brittany Ferries	23
Abbildung 19	M/S Armorique / Foto: © Brittany Ferries	24
Abbildung 20	M/S Barfleur / Foto: © Ian Kirk/Wikimedia Commons/CC BY 3.0	25
Abbildung 21	M/S Bretagne / Foto: © Brittany Ferries	26
Abbildung 22	M/S Cap Finistére / Foto: © Brian Burnell / Wiki Commons CC-BY-SA-3.0	27
Abbildung 23	M/S Connemara / Foto: © Brittany Ferries	28
Abbildung 24	M/S Cotentin / Foto: © Brittany Ferries	29
Abbildung 25	M/S Etretat / Foto: © Brittany Ferries	30
Abbildung 26	M/S Galicia / Foto: © Brittany Ferries	31
Abbildung 27	M/S Mont St Michel / Foto: © Editor5807/Wikimedia Commons/CC BY 3.0	32
Abbildung 28	M/S Normandie / Foto: © Brittany Ferries	33
Abbildung 29	HSC Normandie Express / Foto: © Brittany Ferries	34
Abbildung 30	M/S Pont-Aven / Foto: © Brittany Ferries	35
Abbildung 31	Aussenaufnahme / Foto: © Dag G. Nordsveen / Nordsveenfoto.no	36
Abbildung 32	M/S Color Hybrid / Foto: © UAVPIC / Color Line	37
Abbildung 33	M/S Color Fantasy / Foto: © Fjellanger Widerøe Foto AS	38
Abbildung 34	M/S Color Magic / Foto: © SCANPIX NORGE/Terje Bendiksby	39
Abbildung 35	M/S Color Viking / Foto: © Nordsveenfoto.no	40
Abbildung 36	HSC SuperSpeed 1 / Foto: © Kurt Engen	41
Abbildung 37	HSC SuperSpeed 2 / Foto: © Nordsveenfoto.no	42

Abbildung 79	M/S Tycho Brahe / Foto: © New Öresund-Johan Wessmann / CC BY 3.0	87
Abbildung 80	HSC Skane Jet / Foto: © FRS Baltic GmbH	89
Abbildung 81	Routen Hurtigruten 2013 / Grafik: © Sardon/Aldebaran / Wikimedia Commons / CC-BY-SA-3.0	90
Abbildung 82	M/S Finnmarken / Foto: © Aldebaran / Wikimedia Commons CC-BY-SA-3.0	91
Abbildung 83	M/S Kong Harald / Foto: © Ove.lampe / Wikimedia Commons CC-BY-SA-3.0	92
Abbildung 84	M/S Lofoten / Foto: © Aldebaran / Wikimedia Commons CC-BY-SA-3.0	93
Abbildung 85	M/S Midnatsol / Foto: © Hurtigruten ASA / Dr. Christa Imkamp	94
Abbildung 86	M/S Nordkapp / Foto: © m.prinke / Wikimedia Commons CC-BY-SA 2.0	95
Abbildung 87	M/S Nordlys / Foto: © Aldebaran / Wikimedia Commons CC BY-SA 3.0	96
Abbildung 88	M/S Nordnorge / Foto: © Aldebaran / Wikimedia Commons CC BY-SA 3.0	97
Abbildung 89	M/S Polarlys / Foto: © Janter / Wikimedia Commons / CC BY-SA 3.0	98
Abbildung 90	M/S Richard With / Foto: © Hurtigruten ASA / Meegan Parkee	99
Abbildung 91	M/S Trollfjord / Foto: © Hurtigruten ASA / Nina Helland	100
Abbildung 92	M/S Vesterålen / Foto: © Aldebaran / Wikimedia Commons CC-BY-SA-3.0	101
Abbildung 93	Irish Ferries-Flotte / Foto: © Irish Ferries	102
Abbildung 94	M/S Epsilon / Foto: © Irish Ferries	103
Abbildung 95	M/S W.B.Yeats / Foto: © Dr.Karl-Heinz Hochhaus/Wiki Commons/ CC BY 3.0	104
Abbildung 96	M/S Princess Anastasia im Hafen von Tallinn 2017 / Foto: © Pjotr Mahhonin / Wiki Commons CC-BY.SA 4.0	105
Abbildung 97	M/S Princess Anastasia/Foto:© Pjotr Mahhonin/Wiki Commons CC-BY.SA 4.0	106
Abbildung 98	HSC Express 1 / Foto: © Bornholmslinjen	108
Abbildung 99	HSC Express 2 / Foto: © Molslinjen	109
Abbildung 100	HSC Express 3 / Foto: © Molslinjen	110
Abbildung 101	HSC Express 4 / Foto: © Molslinjen	111
Abbildung 102	M/S Fenja / Foto: © FanøFærgen	112
Abbildung 103	M/S Frigg Sydfyen / Foto: © Als Færgen	113
Abbildung 104	M/S Fynshav / Foto: © Samsø Færgen	114
Abbildung 105	M/S Hammershus / Foto: © Bornholmslinjen	115
Abbildung 106	M/S Langeland / Foto: © Langelands Færgen	116
Abbildung 107	M/S Lolland / Foto: © Langelands Færgen	117
Abbildung 108	HSC Max / Foto: © Bornholmslinjen	118
Abbildung 109	M/S Menja / Foto: © Fanølinjen	119
Abbildung 110	M/S Povl Anker / Foto: © Bornholmer Færgen	120
Abbildung 111	M/S Samsø / Foto: © Samsø Færgen	121
Abbildung 112	M/S Sønderho / Foto: © Fanølinjen	122
Abbildung 113	M/S Pride of Bruges / Foto: © P&O Ferries	124
Abbildung 114	M/S Pride of Canterbury / Foto: © P&O Ferries	125
Abbildung 115	M/S Pride of Hull / Foto: © P&O Ferries	126
Abbildung 116	M/S Pride of Kent / Foto: © Alf van Beem / Wikimedia Commons CC-Zero	127
Abbildung 117	M/S Pride of Rotterdam / Foto: © P&O Ferries	128
Abbildung 118	M/S Pride of York / Foto: © Andy Beecroft / Wiki Commons CC-BY-SA-2.0	129
Abbildung 119	M/S Spirit of Britain / Foto: © P&O Ferries	130

Abbildung 160	M/S Baltic Princess / Foto: © Hannu Nieminen / Tallink Silja Oy	169
Abbildung 161	M/S Baltic Queen / Foto: © Tallink Silja Oy	170
Abbildung 162	M/S Galaxy / Foto: © Marko Stampehl / Tallink Silja Oy	171
Abbildung 163	M/S Isabelle / Foto: © AS Tallink Grupp	172
Abbildung 164	M/S Megastar / Foto: © AS Tallink Grupp	173
Abbildung 165	M/S Romantika / Foto: © Magnus Rietz / Tallink Silja Oy	174
Abbildung 166	M/S Silja Europa / Foto: © Hannu Vallas / Tallink Silja Oy	175
Abbildung 167	M/S Silja Serenade / Foto: © Magnus Rietz / Tallink Silja Oy	176
Abbildung 168	M/S Silja Symphony / Foto: © AS Tallink Grupp	177
Abbildung 169	M/S Star / Foto: © Hannu Vallas / Tallink Silja Oy	178
Abbildung 170	M/S Victoria I / Foto: © AS Tallink Grupp	179
Abbildung 171	TT-Line-Hauptsitz „Hafenhaus" in Travemünde / Foto: © TT-Line	180
Abbildung 172	M/S Huckleberry Finn / Foto: © TT-Line	181
Abbildung 173	M/S Marco Polo / Foto: © TT-Line	182
Abbildung 174	M/S Nils Dacke / Foto: © TT-Line	183
Abbildung 175	M/S Nils Holgersson / Foto: © TT-Line	184
Abbildung 176	M/S Peter Pan / Foto: © TT-Line	185
Abbildung 177	M/S Robin Hood / Foto: © TT-Line	186
Abbildung 178	M/S Tom Sawyer / Foto: © TT-Line	187
Abbildung 179	Streckennetz Unity Line 2014 / Foto und Grafik: © Unity Line	188
Abbildung 180	M/S Gryf am Fähranleger in Świnoujście (Polen) / Foto: © Unity Line	188
Abbildung 181	M/S Copernicus / Foto: © Unity Line	189
Abbildung 182	M/S Galileusz / Foto: © Unity Line	190
Abbildung 183	M/S Gryf / Foto: © Unity Line	191
Abbildung 184	M/S Jan Śniadecki / Foto: © Unity Line	192
Abbildung 185	M/S Polonia / Foto: © Unity Line	193
Abbildung 186	M/S Skania / Foto: © Unity Line	194
Abbildung 187	M/S Wolin / Foto: © Unity Line	195
Abbildung 188	Viking Line in Helsinki / Foto: © Viking Line	196
Abbildung 189	M/S Amorella / Foto: © Viking Line	197
Abbildung 190	M/S Gabriella / Foto: © Viking Line	198
Abbildung 191	M/S Mariella / Foto: © Viking Line	199
Abbildung 192	M/S Rosella / Foto: © Viking Line	200
Abbildung 193	M/S Viking Cinderella / Foto: © Viking Line	201
Abbildung 194	M/S Viking Grace / Foto: © Viking Line	202
Abbildung 195	M/S Viking XPRS / Foto: © Viking Line	203
Abbildung 196	Strecke Wasaline zwischen Umeå und Vaasa 2013 / Grafik: © Wasaline	204
Abbildung 197	M/S Wasa Express / Foto: © Wasaline	205
Abbildung 198	Oberdeck auf Colorline-Fähre / Foto: © Robert Dreier Tveit Holand	206
Abbildung 199	Fährhafen von Puttgarden (Deutschland) / Foto: © Scandlines	208
Abbildung 200	Wohnmobile an Deck der Fähre / Begegnung mit der TT-Line-Fähre M/S Robin Hood / Foto: © TT-Line	214

Abbildung 200: Wohnmobile an Deck der Fähre / Begegnung mit der TT-Line-Fähre M/S Robin Hood   Foto: © TT-Line

7.	Quellenverzeichnis	Seite
[1]	Accident Investigation Board Norway: REPORT ON THE INVESTIGATION OF A MARINE ACCIDENT NORDLYS LHCW - FIRE ON BOARD DURING APPROACH TO ÅLESUND-15 SEPTEMBER 2013, REPORT Sjø 2013/02, Issued May 2013	13
[2]	Niclas Meyer - Bachelorarbeit: Unfalluntersuchung zur starken Krängung der LISCO GLORIA durch den Einfluss von Löschwasser auf dem Hauptfahrzeugdeck, TUHH, Institut für Entwerfen von Schiffen und Schiffssicherheit Prof. Dr.-Ing. Stefan Krüger, 30/04/2012	14
[3]	Joint Accident Investigation Commission of Estland, Finnland and Sweden (1995) : "Part Report on MV Estonia", April 1995	14
[4]	European Court of Human Rights, CASE OF BRUDNICKA AND OTHERS v. POLAND (Application no. 54723/00), Judgement, Strasbourg, 3 March 2005, Final 03/06/2005	15
[5]	Safety: http://eurotestmobility.hades.webhouse.dk/wp-content/uploads/2014/07/Tips-for-Passengers-FINAL.pdf	15
[6]	SOLAS rules for evacuation of ferries MSC Circ 1283	15
[7]	Report about detention of the "Norman Voyager" http://news.bbc.co.uk/2/hi/uk_news/england/hampshire/8371469.stm	19
[8]	Joint Accident Investigation Commission of Estland, Finnland and Sweden (1995) : "Part Report on MV Estonia", April 1995	19
[9]	Joint Accident Investigation Commission of Estland, Finnland and Sweden (1995) : "Part Report on MV Estonia", April 1995	20
[10]	Hans-Hermann Diestel: Seeunfälle und Schiffssicherheit in der Ostsee, Hinstorff-Verlag GmbH, Rostock, 2013	20
[11]	Website Brittany Ferries: http://www.brittany-ferries.co.uk/information/about-brittany-ferries	23
[12]	Website Color Line AS: http://www.colorline.de/service/konzerngeschichte	36
[13]	Website Condor Ferries: http://www.condorferries.co.uk/about.aspx	43
[14]	Website DFDS: http://www.dfdsseaways.co.uk/about-us/	47
[15]	Web LD Lines: http://www.ldline.co.uk as part of http://www.ferryto.co.uk	47
[16]	Website Rederi AB, Eckerö: http://www.rederiabeckero.ax/	66
[17]	Website Eckerö Linjen: https://www.eckerolinjen.se/en/	66
[18]	Website Eckerö Line: http://www.eckeroline.fi	66
[19]	Website Finnlines: http://www.finnlines.com/company/business_areas	70
[20]	Website Finnlines: http://m.finnlines.com/en/%28nid%29/6715	70
[21]	Website Wikipedia: http://de.wikipedia.org/wiki/Fjord_Line	80
[22]	Website Wikipedia: http://en.wikipedia.org/wiki/ForSea	84
[23]	Website Wikipedia: http://de.wikipedia.org/wiki/FRS	88
[24]	Web Hurtigruten: http://www.hurtigruten.co.uk/utils/About-Hurtigruten/History/120-years-of-coastal-voyages/	90
[25]	Web Irish Continental Group: http://www.icg.ie/irish-continental-group-history.asp	102
[26]	Website Wikipedia: http://en.wikipedia.org/wiki/Moby_SPL	105
[27]	Website Wikipedia: http://en.wikipedia.org/wiki/Molslinjen	107
[28]	Website P&O Heritage: http://www.poheritage.com/about-po-ferries	123
[29]	Webite Polferries: http://www.polferries.pl/prom/o_nas/historia	132
[30]	Website Scandlines: http://www.scandlines.de/uber-scandlines/	137

	uber-scandlines-titelseite/unternehmensgeschichte.aspx	
[31]	Michael Meyer: 3i und Allianz einigen sich über Ausstieg bei Scandlines. In: Täglicher Hafenbericht vom 6.November 2013, S. 1/4	137
[32]	Website Smyril Line: http://www.smyrilline.com/about-us-11408.aspx	145
[33]	Website Stena Line: http://www.stenaline.com/en/stena-line/corporate/	147
[34]	Website Tallink-Silja Line: http://www.tallink.com/about	168
[35]	Website TT-Line: http://www.ttline.com/de/Deutschland/TT-Line/Unternehmensprofil/Chronik	180
[36]	Website Unity Line: http://www.unityline.eu/Seite/unity-line/about-unity-line	188
[37]	Website Viking Line: http://www.vikingline.com/en/Investors-und-the-Group/History/	196
[38]	Website Wikipedia: http://en.wikipedia.oderg/wiki/Wasa_Line	204

Abbildung 201: Stena-Fähren – Begegnung auf See   Foto: © Stena Line

www.ingramcontent.com/pod-product-compliance
Lightning Source LLC
Chambersburg PA
CBHW071933090426
42740CB00011B/1693